노후를 디자인하라

노후를 디자인하라

초판 1쇄 인쇄 2014년 1월 29일
초판 2쇄 발행 2014년 3월 10일

지은이 심상준
펴낸이 전익균

출판 · 교육부문대표 남상용
편집장 신희진
마케팅 기획 조동호
디자인 Anthony. Lee
영상홍보 김희영
매니지먼트 강지철
제작대행 (주)체인지컬러

펴낸곳 새빛북스
주소 서울시 중구 초동 42번지 아시아미디어타워 801호
전화 02)2203-1996 팩스 02)417-2622
이메일 svedu@daum.net 홈페이지 www.bookclass.co.kr
등록번호 제215-92-61832호 등록일자 2010. 7. 12

값 18,000원

ISBN 978-89-92873-82-6 (13320)

심상준 박사가 설계한
노후, 이렇게 하면 행복해진다!

노후를
디자인
하라

심상준 지음

도서출판 새빛
AEVIT

우리 사회의 중심 세대라고 할 수 있는 부머세대의 은퇴가 진행되고 있다. 가장 부유한 세대인 부머세대는 우리 사회의 큰 흐름을 주도했다. 가장 많은 세대인 부머세대의 은퇴로 말미암아 우리 사회는 큰 변화가 일어나고 있다.

부머세대의 은퇴로 우리 사회는 어떻게 변할까? 또한 부머세대의 가장 큰 관심은 무엇일까? 필자는 부머세대의 가장 큰 관심사가 무엇인지 알기 위해 수많은 인터뷰를 했다. 결론은 '노후에 어떻게 사는 게 좋으냐?'이다. 그리고 행복한 노후를 위해 노후자금이 꼭 필요한데, 이를 어떻게 마련하느냐이다.

독자들은 노후준비가 완료되었는가? 노후준비는 무엇을 해야 하는가? 생각해보면 한마디로 표현하기 어렵다. 필자는 노후를 위한 준비는 크게 두 가지라고 본다. 즉, 노후의 많은 시간을 '어떻게 보내느냐?'와 노후를 보내는 데 필요한 '노후자금'이라고 할 수 있다.

본서에서는 위의 두 가지 주제를 다루었다. 첫째는 과연 노후에 '무엇을 하며 보내느냐?'이다. 즉, 노후에 행복하게 살면 좋은데 무엇을 해야 길고도 긴 노후를 행복하게 보낼 수 있느냐이다. 필자가 고민하여 행복한 노후를 보내는 방법을 제시했다. 둘째로, 노후를 행복하게 보내는 데 있어서 가장 중요한 것은 역시 노후자금이다. 노후자금을 마련하는 방법은 여러 가지가 있다. 그것들과 함께, 특히 필자는 부동산학을 연구하는 연구자로서 부동산을 통한 노후자금 마련 방법을 제시했다.

부머세대들은 '노후에 무엇을 하며 지낼 것인가'보다는 '노후자금을 어떻게 마련해야 하는가'에 더 많은 관심이 있다. 노후자금은 본서의 후반부에 다루었다. 더 관심이 많을 수 있는 노후자금에 대해 알기 위해서 본서의 후반부를 먼저 읽을 수도 있지만, 필자는 이 책을 처음부터 읽기를 권한다.

본서가 나오기까지 많은 가르침을 주신 이춘섭, 이영한 교수님과 출판해 주신 전익균 사장님 이하 출판사 직원분들께 감사드리고, 나의 아내와 아들에게 고마움을 전한다.

노후를 어떻게 보내느냐는 개인과 사회를 위해 매우 중요하다. 활력을 가지고 멋진 노후를 보내는 데 있어 본서가 작은 도움이 되기 바란다.

부머세대 파이팅!

2014. 1

창동 연구실에서 심상준

| 차례 |

Part 1

우리
부머세대를
위해

1
인생의 단계는?

우리의 인생을 나눈다면 몇 단계로 나눌 수 있을까? 인생의 단계는 개인의 인생역정에 따라 다를 수 있다. 전문가들마다 각각의 기준에 의해 여러 단계로 나누고 있다.

필자는 인생의 단계를 세 단계로 나누었다. 즉, 성장기, 장년기, 노년기로 나누고, 각 시기에 대해 살펴보았다.

성장기는 사회생활을 위한 준비기간으로, 결혼할 무렵까지 약 30세 내외의 30여 년간, 장년기는 본격적인 사회생활을 하는 시기로서 결혼 후부터 은퇴하기 전까지인 약 30여 년, 그리고 노년기는 은퇴 후부터 세상을 마감하는 약 30~40년간의 시기라고 할 수 있다.

1. 성장기

50대~60대의 기성세대들은 가수 민혜경이 부른 「내 인생은 나의 것」이라는 노래를 알 것이다. 매혹적인 목소리로 부른 이 노래에 당시 청소년들은 열광했다. 노래의 가사는 이렇다.

내 인생은 나의 것 그냥 나에게 맡겨주세요.
나는 모든 것 책임질 수 있어요.
사랑하는 부모님, 부모님은 나에게 너무도 많은 것을 원하셨어요.
때로는 감당하기 어려웠지만 따라야 했었지요.
가지 말라는 곳엔 가지 않았고 하지 말라는 일은 삼갔기에 언제나 나는 얌전하다고 칭찬받는 아이였지요.
그것이 기쁘셨나요?
화초처럼 기르시면서 부모님의 뜻대로 된다고 생각하셨나요?
그러나 이젠 말하겠어요.
부모님은 사랑을 다 주셨지만 나는 아직은 아쉬워하는데 이렇게 그늘진 나의 마음을 그냥 버려두지 마세요~~~.

'질풍노도의 시기'라고 하는 청소년들의 마음을 대변하는 가사였다고 기억한다.

성장기는 결혼 전후까지의 기간으로서 자립하기 전까지라고 할 수 있다. 그리고 직·간접적으로 부모님의 도움이나 영향 하에 있는 때이다. 즉, 성장기는 주로 본격적인 사회생활을 위해 신체적·정신적으로 성숙해지는 준비의 시기다. 남녀 간의 차이가 있지만 일반적으로 결혼하는 시기인 30세 내외까지의 30여 년간이다.

결국 성장기는 자신의 의지대로 삶을 영위했다기보다는 부모님의 보호·영향 하에서 성인으로 살아가는 데 필요한 사항을 준비하는 시기라고 할 수 있다.

2. 장년기

장년기는 결혼 후 가정을 꾸려 본격적으로 사회생활을 시작한 시기부터 정년퇴직까지의 시기이다. 일반적으로 30세 내외부터 60세 내외까지인 약30여 년간이다.

장년기는 일가(一家)를 이루면서 자산을 형성하는 시기라고 할 수 있다. 사회적으로 자신의 가치를 높이고 왕성한 사회활동을 하는 시기이기도 하다. 인생의 절정기이자 황금기라고 할 수 있다.

장년기에는 각자의 능력 차이에 의하여 경제적 부의 격차가 생기기도 한다. 그리고 장년기에는 가치관 형성이 완성되어 나름의 주관을 가지고 살아가는 때이다. 신체적으로 아주 건강한 시기이며 수입이 많은 시기이기에 소비 또한 가장 왕성한 시기다.

3. 노년기

노년기는 정년퇴직 이후(60세 전후)부터 삶을 마감하는 때까지의 기간이다. 인생 말년기인 약 30~40년 동안의 시기이다. 노년기는 인생의 마지막 불꽃을 피우는 시기라고 할 수 있는데, 일반적으로 경제활동이 왕성치 않아 경제적 수입은 적다.

노년기는 신체적으로 점점 더 쇠약해져 건강에 관심이 많은 시기다. 노년기를 어떻게 보내느냐에 따라 삶 전체가 행복한 삶이라고 느끼기도 하고, 불행한 삶이라고 느끼기도 한다. 따라서 노년기를 어떻게 보내느냐는 무엇보다 중요하다.

2
부머세대는 어떤 세대인가?

제2차 세계대전 후 전쟁이 끝남에 따라 급격한 인구증가가 일어났다. 이 시기에 태어난 사람을 '베이비부머세대(이하 '부머세대'라고 칭함)'라고 한다.

우리나라에서 부머세대는 일반적으로 1955년부터 1963년까지 태어난 사람을 말한다. 이는 세계적인 기준보다 대략 10여 년 정도 느리다. 세계적으로는 2차 세계대전이 종전되고 급격히 출산이 증가했다. 그러나 우리나라는 2차 세계대전이 종전된 조금 후 한국전쟁이 일어나 10년 정도가 늦다. 일본에서 유행한 것이 한국에서는 일본보다 10년 후에 유행하는데, 이는 우리나라 부머세대가 일본보다 약 10년 정도 늦기 때문이다. 우리나라의 부머세대는 약 713만 명으로, 전체 인구의 약 14.6%를 차지한다.

부머세대의 특징을 살펴보면 다음과 같다.

첫째, 부머세대는 이전 세대에 비해 인구가 많다. 이는 광복 후에 일어난 한국전쟁이 끝나고 사회적인 안정이 이루어짐에 따라 급격히 출산이 늘어났기 때문이다. 부머세대 이후에는 급격한 인구증가에 따른 산아제한정책과 만혼의 증가 등으로 인하여 인구가 줄어들고 있다.

둘째, 우리나라의 부머세대는 이전 세대에 비해 상대적으로 교육수준이 높다. 이는 부머세대의 부모 세대가 자식만이라도 잘 살게 해야겠다는 마음에서 자녀의 교육에 헌신했기 때문이다.

셋째, 제2차 세계대전 후 신생독립국 중에서 산업화와 민주화에 성공한 나라는 단연코 대한민국밖에 없다고 할 수 있다. 대부분의 신생독립국들은 대개 2차대전 이전으로 회귀하고 말았다. 현재의 북한을 보면 잘 알 수 있지 않은가? 그런데 우리나라가 산업화와 민주화를 동시에 이루는 데 있어서 가장 중심적인 역할을 한 세대가 바로 부머세대라고 할 수 있다. 우리 사회에서 가장 부유한 세대는 역시 부머세대다. 부머세대는 경제 성장의 결실에서 가장 많은 수혜를 본 세대이기 때문이다.

요즘 자영업자들은 대부분 장사가 안 된다고 난리다. 하기는 그 당시에 언제 장사가 잘 된다는 말을 들어본 적이 있던가? 장사하는 입장에서는 항상 장사 안 된다고 난리다. 그럼에도 불구하고 요즘 그나마 장사가 되는 것이 무엇인가? 아마도 아웃도어 의류 제품일 것이다. 뒷동산에 가벼운 산책을 가더라도 히말라야 등산할 때 입을 정도의 고급 등산복을 입고 다닌다. 경제가 안 좋다고 난리를 쳐도, 아웃도어 의류 가격이 하늘을 찔러도 부머세대가 입고 다니는 옷은 대개 고급 브랜드이고 그 가격은 고가이다. 불경기라고 언론에선 난리를 치는데도 불구하고 연휴를 앞둔 인천공항은 해외여행객들로 북적거린다. 공항에서 가장 눈에 많이 보이는 사람 역시 부머세대다. 부머세대는 인구가 많은데 경제적 능력까지 있으니 당연히 소비의 주체이다.

우리나라는 부머세대가 경제활동을 활발하게 하는 시기에 급속한 경제성장이 이루어졌다. 그런데 주택을 공급하기 위해서는 일정한 시간이 걸리기 때문에 경제성장 속도보다 훨씬 적게 주택이 공급되었다. 따라서 부머세대는 주택의 부족을 경험한 세대이며 주택 가격의 폭등을 경험한 세대이다. 결국 부머세대는 자산의 대부분을 부동산에 투자했다.

부머세대는 한국전쟁과 같은 전쟁의 경험은 하지 않았으나 외환위기, 금융위기, 재정위기와 같은 경제적 위기를 겪은 세대이다. 부머세대는 몇 번의 경제위기를 겪으면서 글로벌 경제를 이해하고 어려움을 헤쳐 나가는 세대가 되었다.

부머세대는 자신의 부모님을 부양해야 하는 의무는 있는 세대이다. 그러나 정작 본인들은 자녀들에게서 부양 받지 못하는 '끼인 세대(sandwiched generation)'라고 할 수 있다. 여기에는 자녀들이 부모를 부양하지 않으려는 경향도 일부 포함되지만, 부머세대 스스로 자녀에게 부양 받고 싶어 하지 않는다는 것도 포함돼 있다. 그리고, 부머세대는 향후 10

년간 대부분이 퇴직할 전망이다. 노후 준비가 덜 된 부머세대의 대량 퇴직이 염려스럽다. 그러나 본서를 함께하는 독자들은 행복한 노후가 준비된 부머세대가 되리라 믿는다. 이 작은 책 한 권이 '준비된 부머세대'가 되는 데 작은 주춧돌이 되었으면 하는 바람이다.

3
부머세대 최대의 관심사는?

필자는 요즘 가장 강력한 힘을 가진 세대라고 할 수 있는 부머세대의 관심사가 무엇인지에 대해 알기 위해 부머세대와 많은 인터뷰를 했다. 인터뷰 결과 대개 한결 같은 이야기를 들을 수 있었다.

부머세대의 최고관심사는 역시 '노후(老後)'였다. 즉 '행복한 노후를 보내자!'는 것이다. 그런데 부머세대는 '노후를 어떻게 보내느냐?'에 대한 관심이 많다기보다는, 노후에 편안하게 보내기 위한 '노후자금을 어떻게 확보하느냐?'가 더 큰 관심사였다.

부머세대는 '어~~~' 하다 보니 시간은 KTX 속도만큼 빨리 흘러 벌써 노후의 문턱에 와 있다고 생각한다. 지금 와서 자신의 현실을 살펴보니 '이뤄놓은 것은 별로 없는 것' 같고, '지금 다시 돈을 벌기에는 늦은 것' 같고, '노후자금은 스스로 마련해야 하는데 답답하고~~~' 등의 생각이 많은 것 같다.

대부분 부머세대들의 고민은 노후자금에 집중되어 있다. 물론 기본적으로 중요한 사항이 노후자금이다. 그런데 조금 더 근본적으로 생각해보면, 노후자금은 노후에 내가 행복해지기 위한 하나의 수단일 뿐이다. 나에게 노후자금만 있으면 나의 노후는 무조건 행복해질까? '결코 그렇지 않다'는 것이 필자의 생각이다. 돈이 노후생활을 하는 데 가장 기본이 되지만 결코 돈이 모든 것을 해결해주지 않는다.

그럼 부머세대가 정작 고민해야 할 것이 무엇인가? 그것은 바로 인생 제3막이라고 할 수 있는 노후를 어떻게 보내는 것이 가장 행복하느냐는 것이다. 그것이 가장 큰 고민이 되어야 한다. 본서의 2장에서는 인생 제3막인 노후를 어떻게 보낼 것인가에 대한 본질적인 고민을 펼쳐보았다.

Part 2

행복한 노후를 위한
몇 가지 생각들

1
나는 과연 몇 살까지 살까?

독자들도 잘 아는 유머 중에 '세계 3대 거짓말'이 있다.

첫 번째 거짓말은 노인이 "얼른 죽어야지" 하는 말, 두 번째 거짓말은 노처녀가 "시집 안 갈 거야" 하는 말, 세 번째 거짓말은 상인이 "밑지고 파는 겁니다" 하는 말이다. 들어보면 일견 일리 있는 이야기이기도 하다. 하여튼 나이가 들어 어르신이 되면 저세상으로 가는 것에 대한 두려움 등으로 인해 겉으로는 '빨리 죽어야지' 하면서도 속으로는 더 살고 싶은 것이 사실이다. 필자가 독자에게 "몇 살까지 살고 싶습니까?"라고 질문한다면 독자는 어떤 대답을 하겠는가?

100살이나 그보다 더 많은 120살까지 살고 싶다고 하는 독자는 거의 없을 것이다(아마 아주 일부는 있을 것이다). 대부분의 사람들은 '너무 오래 살지 말고 적당히 살다가 고생하지 않고 죽으면 좋겠다'고 말한다. 나이가 더 들어 죽을 때가 된다면 생각이 바뀔지 모르지만 말이다.

그런데 여기에는 큰 오류가 있다. 위에서 적당히 살다가 죽고 싶다는 것은 사람(인간)의 바람일 뿐이다. '죽음'은 본인이 선택할 수 없다. 죽고 사는 것은 본인의 의지에 의한 것이기보다는 신의 영역에 가깝다고 생각한다. 즉, 본인의 의지로 '몇 살까지 살 것인가?'를 선택할 권리가 우리에게는 없다.

결국 우리는 스스로의 의지대로 언제까지 살 것인가를 선택할 수 없으니, '몇 살까지 살 것인가?'는 객관적으로 생각해봐야 한다. 먼저 통계청의 자료를 보자.

통계청의 자료(2011년 발표)를 보면 50세가 된 남자의 경우에는 앞으로 29.85년을 더 살고 여자의 경우에는 35.83년을 더 산다. 즉 남자는 79.85세까지 살고 여자는 85.83세까지 산다고 한다. 그런데 이보다도 건강에 관한 의식의 고양 및 의료기술의 발달을 고려해 연구한 일부 논문을 보면 1971년생 남자의 경우 47.3%가 94세에 생일상을 받고 여성의 경우에는 48.9%가 96세 생일상을 받는다고 예측했다.

요즘 부머세대의 건강에 관한 관심은 그야말로 최고조라고 여겨진다. 우리 국토의 70%는 산인데, 산마다 주말·휴일은 물론이고 평일에도 등산객들로 북적거리고 있다. 또 예전에 비해 건강에 신경을 많이 써서인지 비만인 사람도 훨씬 적어진 것 같다. 그런데도 살을 더 빼야 한다며 운동을 하고, 건강에 좋은 음식을 찾아다니며 먹는 데 열정적이다. 가히 한국은 건강 열풍에 휩싸여 있다고 해도 과언이 아니다. 이런 측면에서 보면 통계청의 예측은 보수적으로 산정한 것 같은 느낌이다. 필자는 오히려 후자인 논문의 예측에 더 무게를 주고 싶다. 그렇다고 보면 우리는 대략 90대 중반까지 산다고 봐야 한다. 바야흐로 100세 시대가 도래했다고 보는 것이 타당하다.

독자는 '100세까지 살 것'이라고 생각하고 노후를 준비하는 게 타당하다. 부머세대는 100세까지 산다. 이것은 현실이다.

2
내 의지대로 과연 몇 년을 살았나?

독자의 나이가 50세라고 하자. 그럼 50세까지 살아오면서 본인의 의지대로 살아온 기간은 얼마나 될까?

50세까지 과연 자신만의 의지대로 살아왔다고 할 수 있을까? 결코 그렇다고 할 수 없을 것이다. 아마도 결혼할 때까지는 나의 의지보다는 부모님의 의지에 의해 살았다고 하는 것이 올바른 표현일 것이다.

우리나라의 결혼연령은 점점 더 높아지고 있다. 통계청 자료에 의하면 초혼의 연령은 2012년 기준, 여성은 29.41세이고 남성은 32.13세이다. 평균 30.77세이다. 물론 현재 50세가 된 사람들의 결혼 연령은 조금 낮았을 것이다. 그러나 5살 이내의 차이일 것이다.

즉, 태어나서 25~30세까지의 인생은 완벽히 스스로의 의사와 능력에 의해 살아왔다기보다는 보호자의 의사와 능력에 전부 혹은 일정 부분 의지해 살았다고 할 수 있다.

그렇다면 50세가 된 사람이 25세에 결혼을 했다면 스스로의 의지와 능력으로 살아온 시간은 25년이라고 할 수 있다. 만약 30세에 결혼을 했다면 20년간만 오로지 스스로의 의사와 능력에 의해 살아왔다고 할 수 있다. 그런데 앞으로 몇 년을 더 살아야 하는가?

앞에서 살펴보았듯이 우리는 평균적으로 90살 이상은 살 것이라고 생각해야 한다. 조금 더 산다면 100살까지 산다고 봐야 한다. 그럼 지금부터 남은 시간은 얼마인가? 약 40~50년을 더 살아야 한다. 혹시 끔찍하다고 생각하는 분들이 있을지 모른다. 그러나 이게 엄연한 현실이다. 나는 그렇게까지 살지 않을 거라며 발버둥쳐봐도 할 수 없다.

흔히 40세가 되면 사람들은 인생을 아주 많이 산 양 이야기한다. '나이를 먹으니~~~' 하면서 어쩌구 저쩌구……. 또 40대를 지나 50대가 되면 이제는 완벽한 어른이 된 것처럼, '40대와 몸이 다르다'는 등 나이든 것에 대해 이야기한다. 물론 이러한 것을 60대가 본다면 코웃음을 칠 일이지만 말이다.

그런데 앞에서 살펴본 바와 같이 우리가 살아온 것은 그리 많은 세월이 아니다. 지금까지 나의 의지와 능력대로 살아온 시간은 20~25년인데 비해 앞으로 살아야 할 세월은 40~50년이다. 독자들은 생각보다 적게 살았다. 앞으로 살아야 할 시간이 너무 많다고 느껴지지 않는가? 아직 살아야 할 세월이 태산인데, 그 많고 많은 미래를 어떻게 살아야 하는가에 대한 구체적인 계획이 있나 하는 생각이 들지 않는가?

흔히 이런 이야기를 한다. 30대는 시간이 시속 30km로 가고, 40대는 시간이 시속 40km로 가고 50대는 시간이 시속 50km로 간다고 한다. 그럼 60대가 되면 시간은 얼마의 속도로 갈까? 시속 60km로 갈까? 70대가 되면 시간이 시속 70km로 더 빨리 갈까? 이에 동의하는 사람은 없을 것이다. 60대부터는 오히려 더 세월이 가는 속도가 느려지게 느낀다. 70대와 80대는 더욱더 그렇다.

젊은 청춘이 연애할 때는 데이트를 하는 시간이 정말로 너무 빨리 흘러간다. 그것은 데이트를 하는 두 사람이 너무나 즐겁고 재미있고 행복하기 때문이다. 반대로 노후에는 시간의 속도가 느려진다고 느끼는 것은 상대적으로 재미가 적고 덜 행복하기 때문이다.

노후에 행복하게 살기 위해서는 어떻게 해야 하는가?

정답은 '시간을 빨리 가게 하는 것'이다. 노후에는 더욱더 재미있고 흥미진진한 인생이어야 하는 것이다.

3
이렇게 많이 남은 시간을
어떻게 보낼까?

앞에서 이야기했듯이 필자는 '노후를 어떻게 보내면 행복할 것인가?'에 대해 연구하기 위해 많은 분들과 인터뷰를 했다. 인터뷰 대상은 노후에 관심이 많은 부머세대가 중심이었다. 인터뷰 결과 많은 분들이 노후에 가장 중요한 것은 역시 '노후자금'이라고 답변했다. 맞는 말이다.

그런데 노후자금만 풍부하면 노후가 행복할까? 아래의 글은 노후자금이 어느 정도 마련되었다는 전제 하에서 이야기하는 것임을 밝힌다. 그러면 노후자금도 없는데 이런 이야기인들 하면 무엇 하느냐고 할지 모른다. 노후자금을 어떻게 마련할 것인가에 대해서는 본서의 4장과 5장에서 다루었다. 미리 4장과 5장을 읽기보다는 1장과 2장을 먼저 읽기를 권한다. 물론 성격이 급한 분은 할 수 없지만 말이다. 선택은 독자의 몫이다.

필자가 인터뷰한 결과 노후를 보낼 때 가장 많이 하고 싶은 것은 '여행'

이었다. 그 다음으로 '전원생활'과 '취미생활'을 하며 노후를 보내고 싶다고 답했다. 아마 독자들도 비슷한 생각을 할 것이라고 생각된다.

그러면 많은 분들이 노후를 보내는데 하고 싶은 '여행, 전원생활, 취미생활'에 대해 생각해보자. 과연 여행이나 전원생활, 취미생활을 노후에 주로 하면서 사는 것이 가장 행복할까에 대해 생각하자.

1. 여행

노후를 어떻게 보내고 싶은가에 대한 인터뷰를 한 결과 압도적으로 많은 분들이 노후에는 "여행하면서 살고 싶다!"고 한다. 아마도 젊어서는 바쁘기도 하고 각종 여건으로 인해 여행을 많이 못해서 나온 희망사항일 수 있다. 그러면 노후에 주로 '여행'을 하며 지내면 '가장 행복할까?'에 대해 생각해보자.

여행은 누구에게나 가장 하고 싶은 것 중의 하나다. 여행을 싫어하는 사람은 거의 없을 것이다. 그러면 노후생활 중에서 가장 많은 시간을 여행하면서 지내는 것에 대해 생각해보자. 노후에서 가장 중요한 부분인 노후자금이 확보되었다는 전제에서 생각해보자.

우리나라에서 가장 큰 여행지는 아마 제주도일 것이다. 제주도는 많은 외국인이 여행하는 곳이고, 우리나라 사람들도 가장 많이 여행하는 여행지이다. 그렇다면 아름다운 경치가 있고 먹거리가 풍부한 제주도에 사는 사람은 제일 행복해야 한다. 이야기가 조금 비약적일 수 있지만, 성산일

출봉 아래에서 횟집을 운영하는 사장님은 대한민국에서 가장 행복해야하는 것 아닐까? 사람들은 모처럼 여행을 오는데 식당의 사장님은 항상 그곳에 살고 있으니 말이다.

여행 중에서 고급여행(혹은 비싼 여행)이라고 하면 아마도 크루즈여행일 것이다. 그렇다면 최고(?)의 여행을 하면서 노후를 즐겁게 보내려면 크루즈여행을 하며 보내면 될 것이다. 가장 행복한 노후생활인 셈이다.

과연 크루즈여행을 하며 여생을 보내면 정말로 행복할까? 이는 결코 아닐 것이다. 그렇다면 크루즈여행선에서 근무하는 직원들이 가장 행복해야 한다. 크루즈여행선에서 근무하는 직원들은 바다를 보면 항상 멋지다고 느낄까? 항상 멋지다고 느끼지는 않을 것이다. 오히려 많은 승무원들은 육지에 빨리 상륙하고 싶어 할 것이다. 심지어 어떤 직원은 바다가 지겹다고 할지도 모른다.

필자는 노후를 항상 여행을 하며 보내는 것이 결코 노후가 행복해지는 것은 아니라고 생각한다. 여행은 일주일 중에서 5일을 열심히 일하고 나머지 이틀 동안 해야 더욱더 진한 맛을 만끽할 것이다. 일 년 내내 열심히 일하고 일 년에 한두 번 혹은 분기별로 해외여행을 해야 여행의 참맛을 느끼며 행복지수를 높일 것이라고 생각한다. 노후에 여행만 하면서 산다면 결코 행복한 노후가 되지 못한다.

나이가 들면서 즐거운 노후를 위해 여행 계 3개 만들기를 제안해 본다.

혼자 하는 여행을 즐기는 사람도 있다.

그러나 대부분은 혼자 하는 여행보다 가까운 지인들과 같이 여행하는 것을 더욱 선호한다.

행복한 노후를 보내기 위해 여행은 아주 중요한 부분이다.

그런데 여행도 여행이지만 누구랑 같이 여행하는가 하는 것이 너무나 중요하다.

같이 여행하는 사람이 누구냐에 따라서 여행의 만족도도 달라질 수 있다.

서로 마음이 잘 맞는 지인과 여행하는 것도 중요하다.

그러기 위해서는 가장 마음이 잘 맞는 지인들과 여행 계 만들 것을 제안한다.

매달 소액을 여행 계를 하는 사람들끼리 적립했다가 일정한 금액이 적립되면 국내여행이든 해외여행이든 같이 다니면 너무 좋다.

그러면 좋아하는 지인과 여행하니 여행의 만족도가 높고, 여행 비용을 평소에 적립하니 많은 여행 비용을 한 번에 지출하는 것에 대한 부담이 적어진다.

노후에 여행 계 3개를 가입한다면 적절하게 여행을 즐기는 노후가 될 것이다.

여행 계 3개를 만들자.

2. 전원생활?

2010년 보건사회연구원에서 전국 3,000명 부머세대를 대상으로 '베이비부머의 생활실태 및 복지욕구' 조사를 했다. 이 조사에서는 '은퇴 후 거주지 선택 시 중요한 조건'에 관한 질문을 했다.

조사 결과를 보면 47.3%가 자연환경이라고 답했고, 16.0%는 사회적 소통이라고 답했으며, 그 다음으로는 보건의료시설(15.9%), 문화여가시설(10.5%), 자녀와의 거리(10.2%) 순이었다. 즉, 약 절반의 사람들은 아침·저녁으로 산책하며 집 앞의 정원과 텃밭에서 화초, 채소를 가꾸고 키우는 즐거움을 느낄 수 있는 전원주택에서 생활하기를 원한다고 할 수 있다.

왜 부머세대들은 전원생활에 열광(?)하는가?

첫째, 우리나라 대다수의 부머세대들은 시골에서 태어나 성장했다고 할 수 있다. 이후 상급학교에 진학하면서 도시로 진출해 도시를 기반으로 살아오고 있는 경우가 대부분이다. 시골생활에는 많은 불편함이 따르지만 도시생활은 도시의 각박함 등에 회의를 갖는 경우가 많다. 그래서 어린 시절 시골생활에 대한 막연한 그리움이나 동경이 있다. 부머세대들에게는 어렸을 때의 아름다웠던 추억을 되새기며 살고 싶은 욕구가 있다.

둘째, 시골에서 성장한 사람들에게는 콘크리트와 아스팔트로 둘러싸인 삭막한 도시에서 사는 것에 대한 정서적인 회의감이 있다. 나이가 들면 인공적인 도시의 편리함보다는 자연이 주는 아름다움을 더욱 사랑하게 된다. 그래서 요즘 부머세대들은 주말에 도시에서 생활하기보다는 자연을 찾아 떠나게 되고, 주말농장을 하는 경우가 많다. 따라서 많은 부머세대들은 은퇴와 더불어 전원생활을 꿈꾸게 된다.

인터뷰를 해보면 여자보다는 남자가 전원생활을 더 많이 원하는 것 같다. 우리나라에서는 가사의 대부분을 아내가 담당한다. 그런데 전원생활을 하게 되면 여성들은 상대적으로 가사 부담이 많이 늘어난다고 느낀다. 또한 여성들이 남성들에 비해 상대적으로 도시생활에서의 편리함을 더 많이 누리고 있다. 그렇다 보니 여성들이 전원생활에 소극적인 경우가 많다. 전원생활을 하고 싶은 남편은 아내의 허락을 얻는 것이 가장 중요한 일 중 하나이다.

노후를 행복하게 하는 데 있어서 전원생활이 최고의 선택일까? 필자는 약간 회의적인 시각을 갖고 있다. 이는 모든 사람들에게 일률적으로 적용될 수는 없다. 개인적인 여건에 따라 노후에 전원생활을 하는 것이 최고의 선택일 수 있고, 또는 그 반대일 수도 있다. 필자가 주장하는 것이 모든 이에게 적용될 수는 없겠지만, 특별한 경우가 아니라면 전원생활을 선택하는 것에는 신중을 기해야 한다고 생각한다.

과거 노인을 위한 주택(실버주택, 혹은 노인복지주택. 이하 '실버주택'이라고 칭함)을 지을 때는 물 맑고 공기 좋고 경치 좋은 곳에 지었다. 그런데 요즘은 거의 전원지역에 실버주택을 건축하지 않는다. 물론 노인요양원은 일정 부분 전원지역에 건축하고 있다. 노인요양원은 스스로 움직이기 힘든 상태가 되어서 들어가는 곳이니, 물 맑고 공기 좋은 전원지역이 좋다고도 할 수 있다. 그러나 요즘 실버주택은 대개 도심지의 역세권에 건설되고 있다. 그럼 왜 공기도 좋지 않고 복잡한 도심지의 역세권에 실버주택을 건설할까?

노후에 가장 힘든 것은 무엇일까? 필요한 것은 무엇인가?

앞에서 언급했듯이 노후가 되면 시간의 속도가 느리다. 시간의 속도가 느리다는 것은 인생의 즐거움이 적기 때문이라고 할 수 있다. 재미있는 영화나 스포츠를 보고 있으면 시간이 금방 간다. 그러나 재미없는 경기를 관람하면 시간이 빨리 안 간다. 시간의 속도를 높여야만 하는데 그러려면 정적인 생활보다는 동적인 생활이 더 좋다. 흔히들 늙으면 '한가롭게 살겠다'고 한다. 물론 은퇴하고 얼마 동안은 한가한 것도 좋을 것이다.

그러나 그것은 잠깐만이다. 동적인 생활이 되어야 시간이 빨리 간다. 그러면 활동적(動的)인 생활을 하기 위해서는 어떻게 해야 할까? 사람들과도 활발하게 교제하고 그러기 위해서는 이동이 많을 수 있다. 결과적으로 교통이 편리한 장소에서 사는 것이 동적인 생활을 하기 위해서는 더 좋다고 할 수 있다.

전원생활을 신중히 선택하라는 또 한 가지 이유가 있다. 나이가 들면 가장 그리운 게 사람이라고들 한다. 자식과 만나고 싶고, 손주의 모습도 보고 싶다. 그런데 전원생활을 하면 아무리 보고 싶어도 물리적으로 자주 보기 힘들다. 바쁘게 살아가는 자녀들과 손주들은 찾아오고 싶어도 찾아오기 어렵다. 도시에 살 경우 일주일에 한 번 찾아올 수 있다면, 전원생활을 하면 한 달에 한 번 찾아오기 힘든 게 현실이다. 가뜩이나 흘러가는 시간의 속도는 느린데 만나는 사람도 적으니 고독만 더 쌓일 수밖에 없다.

나이가 들어감에 따라 친해지고 싶지 않아도 저절로 친해져야 하는 게 의료시설이다. 노년이 되면서 자연스러운 현상이다. 전원생활을 하면 도시보다 의료 혜택을 적게 받을 수밖에 없다. 큰 병원에 가기 위해서는 큰마음을 먹어야만 가능하다. 대중교통은 힘들고 스스로 운전해서 다녀와야 하는 경우가 많다. 의료 수준 역시 대도시의 대형 병원보다 더 좋다고 할 수 없다.

로맨틱한 전원생활은 그리 오래 가지 않는다. 필자는 김인숙(당시 55세, 가명)님에게 서울 근교인 경기도 광주에 전원주택을 설계해 주었다. 그녀는 매주말 도시에 사는 친구들을 초대해 전원생활의 꽃이라고 할 수 있는 바비큐 파티를 열었다. 도시에서 온 친구들은 환호했다. 처음에 그녀는 무척이나 만족했다. '바로 이게 인생이야~!' 하면서.

친구들은 거의 매주 바비큐파티를 위하여 그곳에 방문했고, 소문이 나 주위의 다른 친구들도 점점 그곳으로 몰려들었다. 그러나 그 행복은 오래가지 않았다. 바비큐파티를 하려니 일이 엄청나게 많았다. 그녀는 어느 날 갑자기 자신이 즐겁다기보다는 허드렛일만 하는 아줌마가 되었다는 생각이 들었다. 바비큐파티라는 이름은 좋지만 그 준비와 뒤처리는 너무 피곤한 것이었다. 결국은 바비큐파티를 포기하고는, 친구들이 전화하면 어디 외출을 한다고 핑계를 대기 시작했다. 바비큐파티는 6개월 만에 막을 내리고 말았다. 결국 그녀는 1년 만에 서울로 귀환했다.

전원생활은 기본적으로 의 · 식 · 주 중에서 식(食)과 주(住)를 자체적으로 많이 해결해야 한다. 요즘은 관념이 많이 바뀌었지만 전통적으로 식(食)생활과 관련된 일은 부인이 주로 많이 했고, 주(住)생활과 관련된 일은 주로 남편이 하였다.

식(食)생활과 관련해 생각해보자. 농촌으로 도시의 처녀가 시집을 왔었다. 농번기에 모든 가족들은 논으로 밭으로 농사일을 하러 나갔다. 새로 시집 온 신부는 식사 당번을 하게 되었다. 저녁때 시어머니가 일을 마치고 돌아오니 며느리는 먼 산만 바라보고 걱정을 하고 있었다. 시어머니가 "왜 저녁 식사 준비를 안 하고 있느냐?"고 물으니 며느리가 말하기를 "슈퍼를 다녀오지 못해서 저녁 식사 준비를 못했습니다"라고 했다.

도시에서 먹거리는 돈만 있으면 바로 근처에서 다 얻을 수 있다. 그러나 전원생활에서의 먹거리는 대부분 나의 노동이 일정 부분 들어가야 얻을 수 있다. 물론 자신이 텃밭에서 키운 야채 등을 먹으며 행복감을 느낄 수 있지만 그것을 얻기 위해서는 그만큼의 땀이 들어가야 한다. 물론 부인의 땀만은 아니지만 말이다.

노후를 전원에서 보내는 것은 건강에 좋은 음식을 먹기 위한 이유도 있다. 물론 본인이 농약과 비료도 사용하지 않고 재배한 유기농 식품만을 먹으니 더할 나위 없이 행복할 수 있다. 그런데 모든 식재료를 스스로 재배해 먹을 수는 없다. 일정 부분은 반드시 상점 등을 이용할 수밖에 없다. 결국 스스로 재배해서 먹는 식재료는 일부분에만 국한되고 그 또한 본인의 노력이 많이 들어가야만 얻어지는 것들이다. 너무 많은 환상은 금물이다. 현실은 녹록지 않다.

도시에서 주택 관리는 대개 외부인의 도움을 받는다. 특히 아파트는 거의 대부분 관리회사의 도움을 받는다. 집 내부의 자질구레한 일이 있을 수 있는데, 이는 부인이 할 수 있는 정도이다. 이 또한 조금 어려운 일이면 근처의 집수리하는 곳에 의뢰하면 된다. 빌라나 단독주택은 아파트보다는 조금 더 손이 가지만 대부분은 집수리하는 사람들의 몫이다.

그러나 전원생활은 다르다. 거의 모든 것이 사용자의 몫이다. 전원생활을 하는 분과 인터뷰를 해보니 '하루 종일 노동을 해도 일은 쌓여만 간다'고 하소연을 한다. 일을 해봐야 표시도 나지 않고 일을 안 하면 금방 표시가 난다. 전원생활을 하려면 거의 집을 지을 수 있는 정도의 기술이 있어야 된다. 노동의 정도가 낭만적으로 생각하는 것보다 훨씬 더 강하다. 도시생활의 편안함에 익숙한 사람에게는 쉽지 않은 선택이다.

낭만적인 전원생활에 대한 동경은 냉철한 판단에 따라야 할 것이다. 주위를 살펴보면 전원생활에 적응하는 데 실패하고 다시 도시로 회귀하는 사람들을 보게 된다. 그분들의 의견에 귀를 기울여야 한다. 필자는 특별한 경우가 아니라면 노후에 전원생활 하는 것을 권하고 싶지 않다. 단지, 확실한 목표와 그에 따른 준비를 철저히 한 상태라면 긍정적으로 추진해 봐도 좋을 것이다. 그러나 섣부른 낭만주의적인 전원생활은 경계해야 한다.

3. 취미생활

노후에 무엇을 하면서 보낼 것인가에 대한 질문에 많은 분들은 취미생활을 하며 여생을 보내고 싶다고 한다. 취미(趣味)는 금전적 목적이 아닌 기쁨을 얻는 활동이라고 할 수 있다. 노년이 되기 전까지 취미생활을 적극적으로 하며 즐기는 사람도 많이 있지만 경제적인 생활 때문에 만족할 만큼 못하는 경우가 많다.

취미의 종류는 그 수를 헤아릴 수 없을 정도로 많다. 요즘 노후에 하는 취미를 보면 건강과 관련된 취미가 많다. 가장 대표적인 것이 등산, 걷기 등이 아닐까 싶다. 대표적인 취미라고 할 수 있는 등산을 예로 들어 생각해보자.

노후에 취미생활을 하며 보내고 싶다는 것은 노후에 등산을 하며 가장 많은 시간을 보내겠다는 것을 의미한다. 등산을 하면 물론 건강도 챙기고 정신적인 만족감도 얻을 수 있다. 더욱이 비용도 저렴하다(사실 앞에서도 이야기했듯이 고가의 등산복을 준비한다면 비용이 상승할 수 있다).

그런데 노후의 대부분을 주로 취미생활을 하며 보내는 것에 대하여 생각해보자. 등산을 취미로 하고 있는 사람이 일주일에 5일을 등산하며 시간을 보낸다면 건강을 위해 바람직한 것인가를 살펴보자. 운동 중독증에 걸려 등산이 오히려 건강을 해칠 수도 있다. 등산은 일주일에 한두 번이 적당하다고 할 수 있다. 등산을 매일 하는 것은 결코 바람직하다고 할 수 없다.

여행과 마찬가지로 취미생활도 여가시간에 하면 더욱더 만족감이 클 것이다. 그러나 매일 취미생활만 한다면 그것이 오히려 지겨워질 수 있다. 그리고 건강해지기 위해서 하는 취미활동이 오히려 건강에 해가 될 우려도 있다. 길고도 긴 노후시간에 취미생활을 주로 하며 보낸다는 것이 가장 행복한 노후를 보내는 거라고 할 수는 없다.

4. 그렇다면 무엇을 해야 하나?

부머세대의 가장 많은 분들이 노후에 하고 싶어 하는 '여행', '전원생활', '취미생활'에 대해 살펴보았다. 결론은 이 모든 것을 하는 것은 좋지만 주(主)가 되기에는 만족스럽지 못하다는 것이다. 그렇다면 도대체 무엇을 하며 30~40년을 살아야 한단 말인가? 지금까지 내 스스로 살아온 시간보다 더 많이 남은 노후시간을 무엇을 하며 보내야 행복하단 말인가?

필자는 노후에 무엇을 해야만 가장 행복할 것인가에 대한 고민을 하다가 나름대로의 결론을 내렸다. 결론은 "일을 하라!"이다.

본서에서 필자가 가장 하고 싶은 말이라고 할 수 있다. 노후의 많은 시간을 가장 행복하게 보내는 것은 바로 '일을 하면서 보내는 것'이다. 그러면 독자는 이렇게 질문을 할 것이다. "젊어서 지긋지긋하게 일을 했는데 늙어서도 일이나 또 하라고? 당신 제정신이야?"

필자의 대답은, 그럼에도 불구하고 일을 하며 노후를 보내는 것이 가장 행복할 것이라고 강력히 주장한다. 그럼 그 이유에 대하여 살펴보자.

한국을 대표하는 재벌 1세대라고 하면 아마도 현대의 정주영 회장과 삼성의 이병철 회장일 것이다. 어쩌면 그분들이 왕성하게 활동할 당시 그분들은 한국에서 가장 부자였을 것이다. 그 후손들도 지금 한국에서 가장 부자들이다. 1915년에 태어나 2001년 87세로 타계한 현대의 정주영 회장은 일단 돈이 없어서 자신이 하고 싶은 것을 못 하지는 않았을 것이다. 그럼에도 불구하고 그가 죽는 순간까지 했던 것은 자신의 '일'이었다. 그는 일을 함으로써 행복을 얻었던 것이다.

그의 생애 마지막에 자녀들의 상속권 다툼이 있었다. 정주영 회장은 심한 병환으로 정신이 오락가락함에도 불구하고 마지막까지 자녀들에게 재산 분배하는 일에 최선을 다하다가 타계하였다. 결국 우리나라에서 가장 부자라고 하던 정주영 회장은 노후의 마지막 순간까지도 일을 통해 가장 많은 것을 성취했다.

물론 정주영 회장이 일을 가장 좋아했으니 독자들도 노후에 일을 해야 한다는 것은 결코 아니다. 정 회장은 어쩌면 일반인들과는 동떨어지게 일중독이 있어서 평생 일을 열심히 했는지도 모른다. 그러나 분명한 것은 정 회장은 일을 통해 행복을 찾았다는 점이다.

돈이 있다고 해도 일을 하는 것이 가장 기본이 되어야 한다. 주중에는 열심히 일을 하고 주말에는 신나는 여행, 취미, 텃밭 가꾸기를 하면 된다. 그래야만 여행, 취미 등의 활동이 더 재미있고 행복하다.

노후에 일을 하면 무엇이 좋은가?[1]

첫째, 노인이 되면 생물학적 노화로 인해 신체의 기능이 퇴행해가며 이에 따라 육체적인 변화가 오게 된다. 하지만 일을 하면 규칙적인 활동을 하게 되고 이는 건강을 유지하는 데 많은 도움을 주게 된다. 즉, 노후에 일을 하면 신체적인 건강은 물론 정신적인 건강도 유지하게 된다.

둘째, 노후에 일을 하면 경제적 이익뿐만이 아니라 사회적으로 지위와 역할을 얻게 되어 대인관계를 형성하는 데 도움을 주며 자아정체감, 명예, 만족감 등을 얻게 된다. 노후에 보다 만족스런 삶을 영위하기 위해서는 사회와 경제활동에서 적극적이고 생산적인 삶을 살 수 있는 활력을 스스로에게 불어넣어야 한다. 일을 하면 심리적으로 개인의 자아 개념을 확인하고 개인의 긍정적인 자아상을 확립하고 유지하는 데 도움이 된다. 이는 결국 높은 수준의 행복감을 느끼게 해준다.

셋째, 사회적으로 봐도 노후에 일을 하는 것은 바람직한 것이다. 우리 사회의 인구 중에서 가장 많은 세대가 부머세대다. 그런데 부머세대는

---

1) 이 부분은 『60대, 새로운 시작을 열다 노인 일자리 사업』(대표 저자 이준우, 파란마음, 2011)을 참조하여 필자가 내용을 재구성한 것임을 밝힌다.

이제 은퇴를 시작해 본격적으로 노후세대로 접어들고 있다. 이들 부머세대를 부양할 의무가 있는 부머세대의 다음 세대는 부머세대의 약 절반 정도이다. 즉, 한 명이 두 명을 부양해야 하는 구조인 것이다. 그러니 요즘 국민연금 등의 사회적 문제가 불거지고 있는 것이다. 그런데 노후에 일을 하게 되면 사회적으로 봐서도 부담을 줄여주는 결과를 가져다준다.

또한 요즘은 저출산이 사회적인 문제가 되고 있다. 저출산은 경제활동인구의 감소를 가져와 우리 경제의 성장 동력을 저하시킨다. 그런데 노후에 일을 한다면 경제활동인구가 많아짐으로써 국가·사회적으로 바람직하다고 할 것이다.

넷째, 노후의 경제활동은 국가 전체적으로 봤을 때 복지지출을 적게 하여 국가경쟁력 강화와 성장률 향상에 기여하게 한다. 그리고 개개인에게는 사회적으로 부담이 되는 존재가 아닌 당당한 사회 구성원으로서 자긍심을 고취시킬 수 있게 되고 자립심을 키우게 된다.

노후처세 명심보감

1. 부르는 데가 있거든 무조건 달려가라. 불러도 안 나가면 다음부터는 부르지
   도 않는다.

2. 아내와 말싸움이 되거든 무조건 져라. 여자에게는 말로써 이길 수가 없고, 혹
   이긴다면 그건 소탐대실이다. 밥도 제대로 못 얻어 먹는 수가 있을 것이다.

3. 일어설 수 있을 때 걸어라. 걷기를 게을리 하면 '일어서지도 못하게 되는 날'
   이 생각보다 일찍 찾아올 것이다.

4. 남의 경조사에 나갈 때는 제일 좋은 옷으로 차려 입고 나가라. 내 차림새는
   나를 위한 뽐냄이 아니라 남을 위한 배려다.

5. 더 나이 먹기 전에, 아내가 말리는 것 말고는 뭐든지 시작해 보라. 일생 중에
   지금이 가장 젊은 때다.

6. 옷은 좋은 것부터 입고, 말은 좋은 말부터 하라. 좋은 것만 해도 할 수 있는
   날이 얼마 남지 않았다.

7. 누구든지 도움을 청하거든 무조건 도와라. 나 같은 사람에게 도움을 청하는 사람이 있다는 것을 감사히 생각하자.

8. 안 좋은 일을 당했을 때는 "이만하길 다행이다" 하고, 믿었던 사람에게 배신 당했다면 "오죽하면 그랬을까?" 하고, 젊은 사람에게 무시를 당했으면 "그러려니" 하고 살자.

9. 범사에 감사하며 살자. 적어도 세 가지는 감사해야 한다. 나를 낳아서 키워준 부모에게, 이날까지 밥 먹고 살게 해준 직장에, 한 평생 내조하느라 고생한 아내에게 감사하자. 이 세 가지에도 감사함을 모른다면 사람의 도리가 아니다.

10. 나이 들었어도 인기를 바란다면 1) 입은 닫고 지갑은 열어라. 2) 손자, 손녀 만나면 용돈을 주고 3) 후배들에게는 가끔 한턱을 쏘고, 4) 아내와는 외식을 자주 하라.

11. 어떤 경우에라도 즐겁게 살자.

12. 보고 싶은 사람은 미루지 말고 연락을 해서 약속을 잡아 만나라. 내일 죽는다고 생각하자.

(지인이 보내준 글 중에서 발췌)

Part 3

일하면서 영위하는
행복한 노후

1
노후에 일을 하기 위해서는
전제조건이 필요하다

노년이 되기 전의 일과 노년이 된 이후인 노후의 일은 어떻게 다를까?

노년이 되기 전에 일을 하는 주된 목적은 생계를 꾸려가기 위한 측면이 많다. 물론 직업을 선택할 때 자아성취를 고려하기도 하지만 결국 전체적으로 가장 큰 목적은 '잘 먹고 살기 위한 것'이라고 할 수 있다. 그래서 '아침에 출근할 때는 자존심은 모두 다 집에 놓고 가라'고 하지 않는가? 그만큼 하기 싫어도 나와 내 가족과 나의 노후의 편안함을 위해서 일을 하는 것이다. 그렇다 보니 일하는 것이 반드시 행복하고 기분 좋을 수만은 없다. 힘들고 괴롭고 짜증나도 일을 하는 것이다. 어쩌면 이것은 인생의 진면목인지 모른다.

노년기의 일은 성년기의 일과는 달라야 한다. 노후에 하는 일은 무엇보다 '나 자신의 행복'을 위해서 해야 한다. 힘들고 괴롭고 짜증나면서까지 일을 하면 안 된다. 일을 하면 행복해야 한다.

따라서 젊어서 하는 일과 노후에 하는 일의 성격과 목적이 근본적으로 다르다. 젊어서의 일은 생계, 즉 돈을 위해서 하고, 노후의 일은 나의 행복을 위해서 한다.

노후의 일을 하기 위해서는 두 가지 전제조건이 필요하다. 그것은 노후자금과 건강이다. 이 둘이 없다면 행복한 노후를 위한 일을 할 수 없다. 노후를 위한 노후자금은 노후가 되기 전에 미리 준비해야 하고, 건강은 스스로 꾸준히 관리해야 한다.

노후를 위한 노후자금이 준비된 상태에서 일을 한다면 돈을 많이 벌어야 한다는 중압감에서 벗어날 수 있다. 그러면 일하는 것이 즐거워진다. 그러나 노후자금과 건강이 준비되지 않은 상태에서 일을 한다면 일은 행복보다는 괴롭고 힘든 노동일 뿐이다.

거리를 다니면 폐지나 빈 종이상자를 줍는 노인들을 본다. 만약 자신이 노후자금이 있는 상태에서 종이상자나 폐지를 줍는다면 거리를 깨끗하게 하고 적은 돈이나마 그것으로 다른 사람에게 선행을 베풀 수 있다는 생각으로 그 일이 즐거움일 수 있다. 그러나 그것을 주워야만 생계를 이어갈 수 있는 상황이라면 괴롭고 힘든 삶이 된다. 일에서 보람을 찾기보다는 힘든 생활의 연속이고 결국 괴로울 수밖에 없다.

이처럼 같은 일을 하더라도 노후를 보낼 노후자금이 있는 것과 없는 것의 차이는 하늘과 땅만큼이나 크다. 그러므로 행복한 노후를 위해 일을 하기 위해서는 노후자금이 마련되어 있어야만 한다.

1. 노후자금

노후자금이 필요하다는 것을 모르는 사람이 어디 있겠는가? 문제는 어떻게 노후자금을 안정적으로 마련하느냐는 것이다.

노후를 위한 노후자금을 만드는 방법은 여러 가지가 있다. 그 모든 방법을 필자가 최고로 잘 알지는 못한다. 또 그 누구도 모든 방법을 모두 다 가장 잘 알고 있는 사람은 없을 것이다. 필자는 부동산학을 연구하는 사람으로서, 부동산을 통한 노후자금 마련에 대해 본서의 4장에서 다루었다. 궁금하더라도 조금 참고 4장과 5장에서 필자가 제시한 방법을 참고하여 노후자금을 마련하기 바란다.

내 자신의 노후자금은 누가 책임질까? 노후자금을 책임지는 주체로 크게 세 가지가 있다. 국가, 자녀, 자기 자신이다. 이것들에 대해 살펴보자.

첫째, 노후자금을 국가에서 책임지는 것이다. 국가에서는 국민들의 노후를 위해 국민연금이라는 제도를 시행하고 있다. 그런데 요즘 국민연금에 대해 이런저런 말들이 많다. 그중 가장 주된 것이 국민연금이 일정한 시기가 되면 고갈될 것이라는 얘기다. 그러면 국민연금은 타지 못하는 것인가? 그것과 관련해서는 4장에서 자세히 다루었다.

현실적으로 국민연금이 자신의 노후자금을 책임져줄까? 국민연금이 노후자금을 모두 해결해주지는 절대 못할 것이다. 대신 약간의 도움은 줄 것이다. 아마도 부머세대 중 국민연금에 의지해 노후를 보낼 예정인 사람은 없을 것이다. 결국 국민연금은 행복한 노후를 보내는 데 필요한 자금의 아주 작은 부분을 도와줄 뿐이다. 국가에서 결코 노후자금을 책임지지는 못한다.

둘째, 우리나라의 전통적인 가족제도에 입각해 자식이 부모를 봉양하는 것이다. 앞에서 언급했듯이 부머세대는 자신의 부모의 노후를 책임지는 것을 당연하게 여기고 부모님들을 봉양했다. 물론 그중에는 자식이 부모님을 봉양하는 게 아니라 나이 드신 부모님이 자식을 '모시게' 되는 일도 비일비재했지만 말이다. 그렇지만 대부분의 부머세대들은 부모에 대한 효심으로 자신을 낳아주고 길러주신 부모님을 정성껏 봉양했다. 그런데 현재의 부머세대들의 노후는 그 자녀 세대가 책임을 질까?

물론 일부는 책임을 지기도 하겠지만 대부분의 부머세대들은 자녀들에게 자신이 부담이 되고 싶지 않다는 생각을 하고 있을 것이다. 자녀가 부모님의 노후를 책임지겠다고 해도 자녀에게 누가 되기 싫다며 거부하는 부머세대가 대부분일 것이다. 결국 자신의 노후를 자식에게 맡기고 싶은 부머세대는 거의 없다고 봐도 무방할 것이다.

그러면 정말로 노후에 자녀의 도움을 전혀 받지 않고 자신의 생을 마무리할 수 있을까? 필자가 지금보다 나이가 어려서 강의를 할 때는 내 노후는 자식에게 의지하지 말고 내 스스로 해결해야 한다고 열심히 강의

54

했다. 그러나 나이가 들고 주위를 더 살피고 고민하고 보니 결코 그게 아니었다.

'9988234'라는 유행어가 있다. 이는 '99세까지 88하게(건강하게) 2~3일 동안 조금 아프다가 죽으면(4, 死) 가장 행복하다'는 것이다. 많은 독자들도 이렇게 살기를 희망할 것이다. 필자 또한 그렇게 되면 참으로 좋을 것 같다. 그러나 이는 단지 희망일 뿐이다. 이와 같이 살다가 세상을 뜨는 사람은 아주 극소수일 것이다.

우리의 운명은 우리 스스로 제어할 수 없다. 내가 죽고 싶다고 하더라도 실제로 스스로의 의사대로 스스로의 운명을 결정할 수는 없다. 결국 우리의 운명은 신의 뜻에 달려 있다. 그런데 대개 생애의 마지막까지 항상 건강하다가 갑자기 저세상으로 가는 것은 아니다. 일정 기간 투병기간이 있을 수도 있고 몸을 가누기 힘들 수도 있다.

그러면 본인 스스로 움직이기 힘들 때는 어찌할 것인가? 돈만 있으면 다 해결될 것인가? 물론 스스로 해결할 수도 있지만 대개 자녀들의 도움을 필요로 한다. 꼭 자녀들과 같이 거주하면서 자녀에게 의지하지는 않더라도, 자녀의 도움을 받아 부모가 편안하게 보낼 수 있는 장소로 함께 가는 것이 필요하다. 물질적으로는 자녀에게서 도움을 받지 않을 수도 있으나 모든 것을 받지 않아도 되는 것은 결코 아니다.

극히 일부는 그런 도움을 받지 못하는 경우도 있으나 부모를 공경해 잘 모시는 유교적 전통이 우리 자녀 세대에도 대부분은 남아 있다. 결국 우리 인생의 마지막은 자식의 도움이 필수적임을 인식하고 살아야 한다.

셋째, 결국 노후자금에 대한 책임은 나 자신이다. 자신의 노후를 책임지는 것은 국가도 아니고 자식도 아닌 나 자신이다. 그러므로 노후가 되기 전에 노후에 대한 준비를 하는 것은 무척 중요하다.

앞에서 언급했듯이 노후는 많은 시간이다. 우리가 스스로의 의지대로 살아온 시간보다 더 많은 시간이 남았다. 이렇게 많이 남은 시간을 살아가는 데 있어서 기본은 역시 금전적인 뒷받침이다. 충분한 노후자금이 기본이다. 노후자금 없이 행복한 노후를 기대하기는 힘들다. 필자가 본서 집필을 위해 우리나라 노후에 관한 책들을 살펴보았는데, 대개는 노후자금에 관한 책들이다. 그만큼 노후자금이 중요하다는 의미이기도 하다.

2. 건강

건강이 중요하다는 것은 독자 스스로가 누구보다 잘 알고 있을 것이다. 그리고 건강을 유지하는 방법을 대개 잘 알고 있을 것이다. 잘 알고 있는데 행동이 조금 따라주지 못할 때가 있는 게 문제이지만 말이다.

부머세대의 특징 중 하나가 자신의 건강을 위해 많은 투자를 한다는 것이다. 건강을 지키기 위한 방법은 여러 가지가 있고, 그 방법은 개개인에 따라 다르다. 개개인의 특성을 참작하여 건강을 유지하는 데 게을러서는 안 되겠다.

건강을 위해 가장 중요한 것은 역시 운동과 음식인 것 같다. 운동은 이왕이면 몸에 크게 무리가 가지 않는 운동이 좋을 것이다. 그리고 운동을 함으로써 즐거워야 더 잘 할 것이다. 단순히 건강을 유지시키는 방법으로써가 아니라 생활의 활력이 되는 운동이어야 할 것이다. 그리고 너무 무리한 운동은 건강에 오히려 도움이 안 될 수 있으니 적절한 운동을 해야 한다.

운동은 역시 꾸준하게 하는 것이 중요하다. 꾸준하게 함으로써 항상성을 유지시켜 줄 수 있다. 운동 전후의 스트레칭은 특히 노년에 꼭 해야 할 기본이라고 할 수 있다. 또 운동 전에 녹차를 마시면 좋다. 녹차는 지방 연소 촉매제 역할을 하기 때문에 녹차를 마시는 습관이 건강 유지에 도움을 준다.

음식 또한 건강을 유지하는 데 중요한 요소 중의 하나다. 요즘의 음식 문화는 대체로 서구화되었다. 그럼에도 불구하고 우리나라의 식문화는 여타 선진국에 비해 비교적 좋다고 할 수 있다. 육류의 소비가 급격히 늘어나고 있기는 하지만 채소 또한 많이 소비하고 있다.

우리나라의 비만율은 4.1%(15세 이상의 비만율)로서 OECD 국가들에 비해 일본 다음으로 낮은 편이다. 이는 우리나라 사람들이 특히 비만에 많이 신경 쓰고 관리해가고 있다는 것을 보여준다고 할 수 있다. 현재 비만인 독자들은 당장 비만 탈출을 위한 갖가지 프로그램을 실시해 비만을 탈출해야 할 것으로 보인다.

표 3-1	2010년 OECD 국가 비만율		출처:OECD
국가명	비만율(%)	국가명	비만율(%)
일본	3.5	터키	16.9
한국	4.1	에스토니아	16.9
이탈리아	10.3	체코	21.0
네덜란드	11.4	아이슬란드	21.0
프랑스	12.9	룩셈부르크	22.5
스웨덴	12.9	영국	26.1
덴마크	13.4	미국	35.9

건강을 위해서 주치의를 두는 것이 좋다. 주치의는 멀리 있는 유명한 의사도 좋으나 이왕이면 집에서 가까운 곳에 위치한 의사가 더 유리할 것이다. 주치의에게 정기적으로 검사를 받고 혹시 몸에 이상이 있다면 우선적으로 주치의와 상의하여 치료를 한다면 훨씬 도움이 될 것이다.

건강10훈

소육다채 – 고기는 적게, 야채는 많이 섭취할 것

소염다수 – 염분은 적게, 식초는 많이 섭취할 것

소당다과 – 설탕은 적게, 과일은 많이 섭취할 것

소식다작 – 식사량은 적게, 대신 많이 씹을 것

소차다보 – 자동차를 적게 타고 많이 걸을 것

소의다욕 – 옷을 얇게 입고 목욕을 많이 할 것

소번다면 – 번뇌는 줄이고 근면할 것

소분다소 – 화는 조금 내고 많이 웃을 것

소욕다시 – 욕심을 줄이고 다른 사람에게 많이 베풀 것

소연다행 – 생각은 줄이고 행동을 많이 할 것

– 『마흔 살부터 준비해야 할 노후 대책 일곱 가지』(김동선, 나무상자, 31p)

2
인생 전반의 일과
후반의 일은 달라야 한다

노후를 행복하게 보내기 위해 필자가 가장 중요하다고 말한 것은 "일을 하자!"였다. 물론이다. 지금까지 본인의 의지로 살아온 시간보다 살아갈 시간이 많은데 일을 해야만 행복하다. 성장기와 장년기를 인생 전반기라 하고 노후를 인생 후반기라고 한다면 인생 전반기의 일과 인생 후반기의 일은 당연히 달라야 한다.

1. 인생 전반기의 일

인생 전반기의 일은 왜 하는가? 인생 전반기에 우리가 가지는 직업이나 직장은 하나로 끝나는 경우가 많지 않다. 공무원 등의 안정된 직장을 제외하고는 대개 두 번 이상 직장·직업을 옮기거나 바꾸고 있다.

첫 번째 일자리는 학업을 마치는 시점인 20대 후반에서 30대 초반에 출발하게 된다. 사회에 첫발을 내딛는 경우로서 치열한 경쟁을 하면서 직장을 얻게 된다. 이때의 직장은 자신의 취향에 의한 선택이라기보다는 사회적인 지위, 평판, 급료, 앞으로의 발전 가능성 등을 고려한 선택이기가 쉽다. 이때에는 열심히 일해서 가정을 꾸리고, 자신의 재산을 형성하며, 자녀를 양육하는 기간이다. 그리고 주택의 규모를 늘려가는 시기이기도 하다.

두 번째 일자리는 대개 40대 중반~50대 초반에 갖게 된다. 나이가 많아짐에 따라 사회의 구조가 피라미드 형태(간부직으로 올라감에 따라 간부의 숫자는 줄어들기에 자연스럽게 도태되는 과정을 말함)가 됨에 따라 자연스럽게 새로운 일자리를 찾게 된다. 두 번째 일자리를 갖게 될 때에는 기본적으로 자산 등이 안정되어 있으나 자녀 등의 교육비가 본격적으로 지출되는 기간이라고 할 수 있다.

두 번째 일자리는 찾기가 쉽지 않으며 경제적인 지출이 많기에 보수도 아주 중요한 요소가 된다. 그리고 이 시기는 노후를 위한 자금을 축적해야 할 시기이기도 하다. 따라서 본인의 자아실현 또는 좋아하는 일을 할 확률은 적다고 할 수 있다.

두 번째 일자리는 일반적으로 50대 후반에서 60대 초반에 마치게 된다. 이 시기의 일은 첫 번째 일자리에서의 일과 마찬가지로 가족 부양에 대한 의무에 따른 일이라고 할 수 있다.

2. 인생 후반기의 일

필자는 행복한 노후를 위해 인생 후반기에 해야 할 가장 중요한 것은 여행이나 취미가 아닌 자신만의 '일'이라고 말했다. 행복을 위해 일을 한다는 것에 일견 동의하지 못할 수 있다. 인생 전반기의 일자리가 주로 자신의 행복을 위한다기보다는 가족의 생계를 위한 일자리였기 때문이다. 그래서 내가 즐거워서 했던 일이라고 생각하기 어렵기 때문이다.

그러나 인생 후반기에 하는 일거리는 내가 행복해지기 위해 하는 것이다. 보람 있게 일주일 중에서 5일 동안 열심히 일하고 주말에는 여행이나 취미생활을 하면 더욱더 즐거울 것이다. 그러기 위해서는 앞에서 전제한 조건이 충족되어야 한다.

즉, 적절한 노후자금이 있어야만 '돈의 노예'에서 해방될 수 있다. 그래야만 생계를 위한 일에서 해방될 수 있다. 노후자금이 마련된 상태에서의 일은 자신의 자아실현, 즐거움과 보람을 위한 것이 될 수 있다. 돈의 노예에서 해방되면 돈을 벌기 위해 일을 하지 않고 일 자체를 즐길 수 있기 때문에 즐거운 마음으로 할 수 있다.

물론 스트레스가 없는 일은 없다. 그러나 인생에 적절한 스트레스는 필요한 것이기도 하다. 스트레스 없는 삶이 어찌 가능하단 말인가? 적당한 스트레스는 그냥 즐기자. 그리고 일을 즐기자.

3
행복한 일자리의 조건

　노후에 행복해지기 위해서 하는 일은 인생 전반기의 일과 뭔가 달라야만 한다. 앞에서 언급했듯 인생 전반기에서의 일자리는 가족의 생계와 나의 경제적인 충족, 그리고 사회적 지위의 확보 등이 중요한 사항이었다.

　그러나 노후의 일자리는 내 자신의 만족을 위한 것이다. 스스로 보람이 있어야 하는 것이다. 그러기 위해서는 어떤 일자리가 되어야 하는가 생각해볼 필요가 있다.

　필자는 행복한 노후를 위한 일자리의 조건으로 아래의 네 가지를 충족시켜야 한다고 생각한다.

1. Interest

지극히 당연한 말이다. 일을 함으로써 행복하기 위해서는 당연히 흥미 있는 일이어야만 한다. 재미가 있어야 한다는 것이다. 재미없는 일은 젊어서도 많이 했다. 일이 재미없다면 행복한 노후가 어찌 되겠는가?

일을 하면 할수록 일에서 느끼는 오묘한 즐거움을 느끼고 즐겨야 한다. 그래서 내일의 일이 또 기다려지고 저녁에도 일에 관한 생각이 머릿속에서 맴돌아야 한다.

노후자금도 어느 정도 확보되어 있어 스스로 일을 하지 않아도 먹고 살 수는 있는데 내가 좋아하지 않는 일을 하는 것은 상상할 수 없다. 그러니까 본인과 일거리의 궁합은 아주 잘 맞아야 한다. 따라서 어떤 일이 본인에게 맞는지는 오로지 본인만이 알 수 있다. 점쟁이도 모른다.

2. Happiness

행복한 일자리의 두 번째 조건은 누군가에게 행복을 주어야 한다는 것이다. 요즈음 노후에 무엇을 하며 여생을 보내고 싶으냐는 질문에 꽤나 많은 분들이 봉사활동을 하며 여생을 보내고 싶다고 한다. 그 마음이 참으로 아름답고 숭고하다. 그런 분들이 점점 더 많아지고 있음에 우리 세상은 살맛나는 세상이라고 할 수 있다. 이왕이면 전문적으로 봉사하고 싶어 사회복지사 자격증을 취득하는 분들이 급속히 많아졌다.

그런데 이렇게 봉사하는 삶을 선택하는 이유는 무엇일까? 본인의 봉사를 통해 사람들이 행복해하기 때문일까? 필자는 그렇지 않다고 생각한다.

봉사하는 가장 중요한 이유는 본인의 봉사를 통해 행복해하는 상대를 보고, 본인 스스로 더 행복하게 느끼기 때문이라고 생각한다. 즉, 본질적으로 스스로 행복을 느끼니 봉사활동을 하는 것이다.

노후의 일도 마찬가지다. 행복한 노후를 위한 일자리는 본인이 일한 결과 그것을 사용하거나 이용하는 수요자가 행복해해야 한다는 것이다. 즉, 사용자(혹은 이용자)에게 행복을 주어야만 스스로도 큰 행복을 느끼는 것이다.

약간 극단적인 이야기인데 '단속원'이라는 일은 큰 범위에서 보면 우리 사회를 더욱더 밝게 만드는 일이다. 그러나 단속을 당하는 입장에서는 인간이기에 전혀 행복한 일이 아니다. 그러나 아이스크림을 만드는 일은 아이스크림을 먹는 사람에게 행복감을 주는 일이라고 할 수 있다. 나의 소비자(혹은 수요자)의 마음이 행복해야 나의 마음은 더 행복하다. 일을 하면서 만나는 사람마다 본인에게 인상 쓰고 욕하고 비난하면 결코 행복할 수 없다. 고객에게 행복 주는 일을 해야 한다.

3. Money

행복한 노후를 위한 일자리는 일의 결과로서 약간이라도 반대급부인 대가가 있어야 한다. 일은 순수한 의미의 봉사활동과 다르다. 독자는 여기서 조금 이상하다고 느낄 것이다. 노후에 행복하기 위해서는 미리 노후를 위한 노후자금을 마련해야 한다고 했는데, 무슨 돈이 필요하냐고 생각할 것이다.

물론 노후에 하는 일은 생계를 위한 것이 주목적은 아니다. 그러나 경제활동을 함으로써 얻는 보수(돈)가 생겨야 더욱더 보람을 느낄 수 있기 때문이다. 그러면서 재미와 보람을 느끼고 일을 더욱 열심히 하게 되는 것이다.

일을 하면서 보수(돈)가 생겨야 하는 또 다른 이유가 있다. 노후에 행복하기 위해서는 가족 등 주위 사람들과 접촉을 많이 하는 것이 좋다. 많이 만나는 것이 좋다. 그래야만 행복감을 더욱 느낄 수 있다. 독자들 중에 노후에 자녀들과 같이 살고 싶은 분들은 얼마나 있는가? 물론 같이 살고 싶은데 자녀들이 같이 살지 않으려고 한다고 할 수도 있다. 그렇다. 이런저런 이유가 있어서 결국은 따로 사는 것이 일반적이다. 그럼에도 불구하고 자녀나 손주들과 더 많이 보고 싶어 하는 쪽은 누구일까? 솔직히 자녀나 손주들보다는 자신들일 것이다.

어떻게 하면 자녀나 손주들이 더 오고 싶어 할까? 여러 가지가 많이 있겠지만 아마도 약간의 용돈은 큰 위력을 발휘할 것이다. 그리고 용돈은 성격상 일회용이 아니고 정기적으로 소요되어야 한다. 손주들뿐만이 아니고 며느리에게도 용돈은 큰 위력을 발휘한다. 며느리는 나이가 들어도 용돈 주시는 시부모님이 안 좋을 수가 없다. 용돈을 주기 위해서라도 적정한 보수는 필요하다.

또한 돈이 있으면 사용할 곳이 없겠는가? 돈이 없어서 못하지~~~. 적절한 자금이 있으면 어려운 사람들을 위한 기부도 하면서 만족감을 느낄 수도 있고, 취미, 여행 등을 위해 사용할 수도 있다.

그러므로 일을 하면 아주 많은 돈을 벌지는 못하더라도 조금이라도 돈을 벌 수 있어야만 한다.

4. Continue

임금피크제라는 제도가 있다. 솔직히 부머세대는 별로 달갑지 않은 제도이다. 임금피크제는 일정한 나이까지는 임금이 올라가다가 일정한 연령 이후에는 조금 더 근무하는 대신에 임금이 줄어드는 것을 의미한다. 지금까지 받던 금액보다 적게 줄 테니 다니려면 다니라는 것이니 기분이 좋을 수가 없다.

그런데 이는 현실적으로 인정해야 하는 사항이기도 하다. 일반적으로 성년기에 일을 하게 되면 업종에 따라서 다르지만 대개 나이가 들면서 능력도 더 늘어나 급료가 많아진다. 즉, 20대보다는 30대가 더 많은 보수를 받고, 30대보다는 40대, 40대 보다는 50대가 일반적으로 더 많은 보수를 받게 된다. 그런데 문제는 여기부터다. 일반적으로 50대보다는 60대가 보수를 더 많이 받기보다는 더 적게 받게 된다. 은퇴를 하게 되면서 많이 좌절하기도 한다. 그러나 이는 어쩌면 자연스런 현상으로 이해해야 한다. 물론 이해하면서도 기분이 나쁘기는 하다.

그러면 왜 보수가 줄어들까? 솔직하게 말한다면 이전 세대들에 비해 능력이 줄어들기 때문이라고 할 수 있다. 젊은 사람들은 적은 연봉을 주어도 일은 더 잘 하기 때문이다. 어쩔 수 없는 것이다.

그러면 노후의 일자리는 일자리의 성격상 어쩔 수 없으니 60대보다는 70대가 수입이 적고 그 이후에는 수입이 더 줄어드는 것이 일반적일까? 어쩔 수 없으니 그냥 수긍하고 받아들여야만 할까?

아니다. 그런 일자리를 선택하면 안 된다. 일을 함으로써 그에 따른 노하우와 능력이 쌓여서 더욱더 많은 수입이 있을 수 있고, 일의 완성도가 높아질 수 있는 일거리를 찾아야만 한다.

즉, 나이가 들면서 능력이 더욱 좋아지는 일을 해야만 한다. 60대보다 70대에 더 많은 일과 대가를 받을 수 있어야만 한다. 아주 중요한 요소다.

그런 일이 없다고? 아니다. 얼마든지 있다. 몇 가지의 사례를 뒤에 기술했다. 찾으면 얼마든지 있다. 그것도 엄청 많이 있다.

4
도대체 그런 일이 있을까?

필자가 강의를 하면서 "노후에는 일을 하면서 보내셔야 가장 행복합니다"라고 힘주어 이야기를 하면 대개 이런 대답이 돌아온다. "아이고~~, 박사님!!! 한가한 이야기 좀 하지 마세요. 일하기 싫은 사람이 어디 있습니까? 요즘 젊은 애들도 일자리가 없어서 펑펑 놀고 있는데 우리에게 일자리가 어디 있습니까? 답답한 이야기 좀 하지 마세요!!!"

일리 있는 이야기다. 그래서 필자는 그런 일이 정말로 없을까 찾아보았다. 그 중에서 몇 가지 일거리를 뒤에 기술했다. 참조하기 바란다.

행복한 노후를 보내기 위한 일거리를 찾아보니 무궁무진 했다. 기회가 된다면 별도의 책으로 엮어서 내고 싶은 마음이 들 정도다. 본서에서는 필자가 조사한 몇 가지의 일거리를 맛보기로 소개한다.

장년기에 했던 일을 노후에도 할 수 있다. 전반기에 했던 일과 전혀 다른 새로운 일을 할 수도 있다. 그런데 노후의 일거리는 새로운 일거리가 많을 수 있다. "이제 와서 어떻게 새로운 일을 시작하느냐?" 또는 "엄두가 나지 않는다"고 많은 분들이 이야기한다. 소위 일이라고 함은 보수로 돈을 받아야 한다. 그러려면 아마추어가 아닌 프로가 되어야 하는데, 나이 들어 힘들지 않느냐는 것이다.

그런데 이런 측면에서 생각해보자. 우리는 장년기에 경제활동을 몇 년 했을까? 대개 30년 내외가 될 것이다. 그렇다면 30여 년 동안의 경제활동(물론 오로지 경제활동만을 위한 것은 아니지만)을 위해 우리는 몇 년 동안 준비(공부)를 했는가? 공부한 기간도 대략 30여 년이 될 것이다. 결국 30년 준비(공부)해서 30년 동안 경제활동을 한 것이다.

노후의 일은 몇 년 동안 할 것인가? 필자는 앞에서 대략 30여 년 정도 될 것이라고 했다. 그렇다면 앞으로 30여 년, 그것도 행복한 노후를 위한 일자리를 위해 준비(공부 등)에 투자를 안 한다는 말인가? 장년기를 위해 투자했던 30년의 10%인 최대 3년을 준비(공부)에 투자하기를 권한다. 그러면 30년 동안 행복한 노후를 보낼 것이다. 최대 3년간은 공부에 투자를 하자.

앞에서 필자는 본인이 가장 흥미 있어 하는 일자리를 찾으라고 했다. 그런데 의외로 많은 분들이 자신이 무엇에 대해 흥미가 있는지를 모른다고 한다. 그러니 행복한 일거리를 찾기 힘들다는 것이다. 맞는 말이다.

교육자들은 흔히 어린아이들을 교육할 때 본인이 좋아하는 것, 즉 적성을 찾아 직업을 갖도록 해야 한다고 한다. 백 번 맞는 말이다. 그것을 모르는 사람이 어디 있겠는가? 그러나 불행하게도 교육자들의 말대로 이루어지지 않는다. 불행하게도 어려서 적성을 찾아 적성에 맞는 직업을 갖는 사람은 많지 않다. 극소수라고 해도 과언이 아닐 것이다.

그런데 노후가 되어서도 본인이 가장 좋아하는 것을 모르는 일은 계속된다. 은퇴를 했는데 본인이 가장 좋아하는 것을 모르는 사람이 너무나 많다. 당연히 그럴 수 있다. 왜냐하면 젊어서 열심히 경제활동을 하느라고 스스로를 뒤돌아볼 기회가 적었기 때문이다. 열심히 살아왔다는 증거이기도 하다. 잘못된 게 전혀 아니다.

그런데 노후가 되었는데 이제 와서 도대체 어떻게 해야 한단 말인가? 결론은 자신에게 흥미 있는 것이 무엇인가를 찾아야 한다는 것이다.

어떻게 찾아야 하는가? 방에 누워서 천장만 보고 이런저런 생각만 한다고 흥미 있는 것이 절대 발견되지 않는다. 행동을 해야만 한다. 생각만으로 찾으려고 하면 생각나는 게 한두 가지 밖에 없다. 그러나 생각뿐 아니라 행동하며 연구한다면 많이 찾을 수 있다. 인터넷 서핑도 하고, 거리도 다녀보고, 서점에도 가보고, 모임에도 가보고, 각종 사회교육기관에서 이런저런 교육도 받아봐야 한다. 그래서 꼭 찾아내야 한다. 자신의 가장 흥미 있어 하는 것을 찾는 데 시간이 좀 걸려도 좋다. 이것저것 조금씩 해보는 것도 좋다.

여기서 경계해야 할 것이 있다. 본인이 가장 흥미 있어 하는 것을 알고 있으니 다른 것은 찾아볼 필요가 없다고 단정하는 것이다. 현재 본인이 흥미 있어 하는 것보다 더 흥미 있는 것이 있을 수도 있다. 찾으면 반드시 나타난다. 이 또한 공부의 과정이라고 할 수 있다.

5
노후를 즐기면서 할 수 있는 일자리

    필자는 노후를 행복하게 해줄 수 있는 일거리를 소개하는 것이 몹시 조심스럽다. 왜냐하면 일거리는 너무나 많은 것들이 있고 모두 나름의 특성을 가지고 있기 때문이다. 필자가 여기에서 소개하는 것은 노후의 일거리를 찾는 데 있어, '아, 이러한 일자리도 있을 수 있구나' 하는 생각으로 보아주기 바란다.

    일자리는 무궁무진하다. 수백, 수천, 수만 개에 이른다. 모든 분들이 자신이 좋아하는 행복한 일거리를 찾고 만들기 바란다. 사실 행복한 노후를 위한 일자리는 무궁무진하다. 여기서 필자가 소개하는 것들을 참고삼아 자신에게 맞는 행복한 일자리를 찾아 나서길 바란다.

1. 항공촬영

우선 필자 본인이 하고 싶은 일자리부터 소개해보겠다. 필자는 노후에는 한 가지만이 아닌 두 가지 일을 하고 싶다. 더욱 바쁘게 살고 싶은 욕심 때문인지 모른다. 우선 그 중에서 한 가지를 먼저 소개하고자 한다.

필자는 어떠한 원리를 하나하나 알아가는 것을 좋아한다.

'자동차는 왜 굴러가는가?'

'비행기는 어떻게 새처럼 날아갈 수 있을까?'

'텔레비전은 어떻게 나오는가?'

등등등…….

그 중에서 필자가 특히 많이 궁금해하는 것은 하늘을 나는 것이다. 즉 비행기와 헬기다.

어떻게 저렇게 무지막지하게 큰 비행기가 사뿐히 하늘을 날을 수 있는가? 또 어떻게 헬기가 하늘을 날아다닐 수 있을까?

독자들 중에서 비행기가 어떻게 하늘을 나는지 정확히 그 원리를 아는 분들이 얼마나 있을까? 헬기가 이륙하는 것을 보면 이륙 전과 이륙 후에 날개가 돌아가는 속도가 비슷하다는 걸 알 수 있다. 헬기 날개가 돌아가는 속도는 비슷한데 어떻게 헬기가 하늘로 솟아오를 수 있는가?

헬기에 대한 자료를 인터넷에 찾아보니 원리가 아주 자세하게 나와 있었다. 결국은 헬기를 한번 운전해보고 싶었다. 그러나 실제 헬기를 운전하는 것은 불가능해서, 무선조종헬기를 통해 대리만족을 얻고자 했다.

무선조종헬기는 실제 헬기와 구조상으로는 거의 완벽히 똑같다. 실제 헬기의 축소판이라고 할 수 있다. 필자는 무선조종헬기를 한 대 구입해서 취미로 무인헬기를 조종하는 취미를 가졌다.

필자의 취미인 무선조종헬기가 단순한 취미가 아닌 하나의 일거리가 될 수 있나 살펴보았다. 찾아보니 항공사진 분야가 있었다. 독자들 중에 TV 인기 프로그램인 〈1박2일〉을 시청한 분들이 있을 것이다. 〈1박2일〉을 시청하다 보면, 가끔 헬기에서 촬영한 영상을 볼 수 있다. 그리고 작은 헬기도 보았을 것이다. 그것이 바로 헬리캠인데 무선조종헬기에 동영상 촬영이 가능한 캠코더를 설치해 하늘에서 동영상을 촬영하는 것이다. 모형헬기에 고성능 카메라를 설치하면 고화질의 항공사진을 촬영할 수 있다.

항공촬영의 수요를 살펴보니 주로 건축설계회사, 건설회사, 관공서, 공기업 등이 있다. 독자들 중에 아파트를 분양하는 모델하우스를 방문해본 경험이 있을 것이다. 모델하우스에는 이미 모두 준공된 것처럼 보이는 사진(혹은 그림)이 있다. 그 사진은 아파트 건설예정부지의 항공사진을 촬영해, 설계된 아파트를 모델링하여 항공사진과 합성한 것이다. 아파트는 올라가지도 않았는데 미리 준공된 후의 모습을 보게 되는 것이다.

또한 홍보를 위한 대학캠퍼스 사진, 대형 교량, 댐, 대형 선박 등이 주요 수요처이다.

그럼 항공사진이 일거리가 될 수 있을까?

일거리가 되기 위해서는 이 일을 통해 약간이라도 돈벌이가 되어야 한다. 일반적으로 항공사진 한 컷은 약 50만 원~150만 원 정도의 용역비가 형성되어 있다. 물론 두 컷 이상일 때는 단가가 조금씩 낮아진다.

1개월에 4회 정도 출사를 한다면 약 300만 원 이상의 수입이 예상된다. 지출은 이동 비용과 약간의 연료비(헬기 연료)가 소요된다.

필자는 건축 설계와 부동산학을 공부했기 때문에 관련 분야에 아는 지인들이 조금 있다. 지인들에게 영업을 위한 도움을 요청하면 영업은 가능하다고 판단된다.

건강의 문제가 있을 수 있는데 이 일은 육체적으로 큰 힘이 드는 것이 아니다. 대신, 헬기가 소규모이다 보니 헬기의 부품 역시 작은데, 시력이 약해지면 어려움을 겪을 수 있다. 그러나 안경 등으로 얼마든지 보완이 가능하다.

사진을 찍는 횟수가 많아지고 연륜이 많아질수록 사진의 수준은 더욱 높아질 것이다.

우리나라의 유명한 사찰은 경치가 좋은 명산에 위치해 있다. 필자의 취미이자 일거리인 헬기 촬영을 활용해 명사찰을 항공사진에 담는다면 그 자체가 하나의 자료로서 가치가 있을 것이다. 또한 이를 책으로 출간한다면 더욱 의미 있을 것이다. 이러한 일들을 하며 산다면 노후에 보람을 느끼면서 재미있게 보내지 않을까?

이것도 하나의 일거리이다. 그런데 하나 걱정이 있다. 이 분야는 시장이 한정되어 있는데 많은 독자들이 모두 항공사진촬영 일거리를 한다고 하면 어떡하나 하는 걱정이다. 독자들은 쓸데없는 걱정 말라고 할 수 있지만 그래도 나부터 솔직히 공개하련다. 항공사진촬영은 노후에 즐기면서 할 수 있는 행복한 일거리가 될 수 있다.

2. 효소만들기(발효액)

요즘 부머세대들의 아주 큰 관심사는 건강이다. 우리나라에서는 특히 더 그런 것 같다. 결과적으로 OECD 국가들 중에서 우리나라는 일본 다음으로 비만율이 가장 낮다. 주말, 휴일이면 전국의 등산로는 사람들로 가득하다.

건강을 지키는 방법에는 크게 운동과 먹거리 두 가지가 있다. 특히 소득수준이 높아지면서 사람들은 점점 더 건강에 좋은 수준 높은 먹거리를 선호하고 있다. 우리나라의 먹거리 문화는 가히 세계에서 정상 수준이라고 할 수 있다. 그것의 중심에 발효음식이 있다. 대표적인 발효음식은 김치, 고추장, 된장, 젓갈 등이 있다.

그런데 요즘 또 하나의 발효음식 중에서 효소(발효액)[2]가 관심을 받고 있다. 요즘 웬만한 가정에서는 매실엑기스 담그는 일이 매년 정기적인 행사가 되어가고 있다. 음식의 맛을 내기 위해 사용하던 화학조미료를 대신해 매실엑기스를 많이 넣는다. 그리고 음료수도 매실엑기스를 희석해 먹는 경향이 있다. 독자들도 경험하고 있을 것이다.

그러면 효소에 대해 간단히 살펴보자.

---

2) 본 글에서는 효소라고 기술했으나 엄격하게 표현하면 발효액이라는 표현이 더 맞다. 이 글에서는 일반적으로 사용되는 효소라는 이름을 사용했음을 밝힌다.
요즘 일부 언론을 중심으로 효소가 건강에 결코 바람직하지 않다는 주장도 커지고 있다. 필자는 이의 진위를 파악할 만큼의 지력을 갖고 있지 않다. 따라서 효소의 효능에 관한 논쟁에 대해 독자들은 스스로 판단해 결정해야 할 것이다.

효소는 살아있는, 조리되지 않은 음식에 함유되어 있는 중요한 활성 단백질이다. 이들 효소는 발효 과정을 통해서 음식을 삭힐 뿐만 아니라 생식으로 섭취했을 때 소화를 돕는 작용을 한다. 효소는 혈액과 인체조직 내의 콜레스테롤과 지방 축적물을 없애거나 분해하고, 전체적인 인체의 독소 제거를 돕는 역할을 한다고 한다.

효소는 세 가지로 나눈다.

혈액, 조직, 기관에서 작용하는 대사효소, 그리고 생식에서 얻어지는 식품효소, 소화기관에서 분비되어 소화를 돕는 소화효소이다.

식품효소는 크게 네 가지로 분류하여, 리파아제는 지방 분해를, 프로테아제는 단백질 분해(립신, 펩신)를, 셀룰라아제는 목질계 분해를, 아밀라아제는 전분 분해를 담당한다고 할 수 있다.

효소는 6가지의 작용[3]을 한다고 한다.

첫째는 소화, 흡습 작용이 있다. 흡수되기 쉬운 상태로 음식물을 소화시켜 혈액을 통해 각종 영양소를 장기에 공급하는 역할을 한다.

둘째, 분해 · 배출 작용이다. 세포에 쌓인 각종 노폐물을 땀이나 소변 및 가스를 통해 몸 밖으로 배출하는 역할을 한다.

셋째, 항염 · 항균 작용을 한다. 즉, 세포를 활성화시켜 염증을 소염시키고 백혈구를 끌어들여 저항력을 강화한다.

---

3) 『산야초 효소로 만드는 효소 발효액』, 최양수, 하남출판사

넷째, 혈액 정화 작용을 한다. 혈액 속의 독이나 이물질을 분해시키고 특히 산성혈액을 조절, 건강한 약알칼리성 혈액으로 개선하는 역할을 한다.

다섯째, 세포 부활 작용을 한다. 세포의 대사 기능을 강화시켜 노화된 세포를 새로운 세포로 빨리 교체하는 역할을 한다.

여섯째, 해독 · 살균 작용을 한다. 간 기능을 강화시켜 외부로부터 들여온 독성 물질을 빨리 분해시켜 배출하는 역할을 한다. 이와 같이 효소는 몸에 좋은 갖가지 역할을 한다.

효소를 만드는 방법은 효재(효소의 원재료)와 설탕의 비율을 보통 1:1로 하여 2~3개월간 발효 후 걸러 2차 숙성 기간을 거쳐 6개월 후부터 복용하면 된다. 효재에 따라 1년 이상 발효 후 숙성하기도 한다. 효소 원액을 소주잔의 80% 분량~1잔 정도 마시거나 찬물에 희석해 음용하면 된다.

간단히 효소 몇 가지의 효능을 살펴보자.

수세미 효소의 효능은 신경통, 기침, 기관지 천식, 습진, 가래, 비염, 축농증, 견비통, 월경불순, 변비, 땀띠에 좋다고 알려져 있다.

마가목 효소의 효능은 기관지염, 기관지 확장, 거풍진통 작용, 진해거담 작용, 강장 작용, 지질강화 작용을 한다.

그리고 작두콩 효소의 효능은 비염, 축농증, 치질, 치루, 편도선, 중이염, 갖가지 종기 등 화농성 질환에 효과가 있고, 어혈 활혈 혈액기능, 변비, 비만 치료에 좋다.

효소에 관해 간단히 살펴본 바와 같이 효소의 효능은 많다. 효소의 종

달맞이꽃전초 효소

작두콩 효소

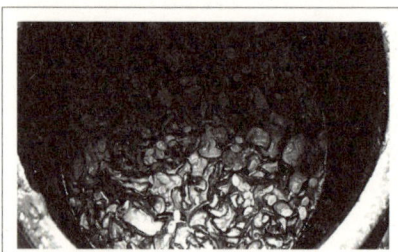

수세미 효소

곰보배추 효소

류는 무궁무진하다. 효능 또한 효소의 종류에 따라서 무궁무진하다.

그러면 효소를 이용하여 일을 하면 어떨까? 즉, 효소를 만들거나 판매하는 것 말이다.

물론 여기에는 앞에서 언급한 노후 일자리의 전제조건이 맞아야만 가능하다. 본인이 건강식에 아주 관심이 많고 자연약초, 식품 등에 아주 많은 관심·흥미가 있어야만 한다. 산과 들에 다니면 식물에 관심이 많아 사진을 열심히 찍고 그 효능에 대해 궁금해하고 더 많이 알고 싶은 분들에게 좋을 수 있다. 건강에 좋은 음식이 무엇인지 궁금하고 연구하는 열정이 있으면 더욱 좋다.

효소 일자리는 어떻게 가능할까?

철따라 효재를 구입하거나 직접 채취해 효소를 담그면 된다. 효소를 담그기 위해 효소에 대해 공부하려고 한다면 비교적 쉽다. 교육하는 곳도 많다. 효소의 제조에는 문제가 없다.

효소를 만들었으면 판매를 해야 한다. 요즘 효소제품은 인터넷을 통해서 많이 거래된다. 또 오프라인 매장에서도 판로를 개척하면 얼마든지 가능하다. 양질의 제품이 문제지, 판매에는 문제가 없을 것이다. 소비 또한 급속하게 늘어날 것이다. 소득수준이 높아짐에 따라 인공조미료보다는 건강에 좋은 천연식품을 원하기 때문이다.

효소를 만드는 원재료인 효재의 채취는 직접 본인이 해도 좋다. 그리고 전국의 재래시장을 철따라 다니며 구입하는 것도 좋다. 그것 자체가 또한 노후의 즐거운 여행 아니겠는가?

　도시에서 생활을 한다면 가장 큰 방을 효소제조장으로 만들어도 좋을 것이다. 전원생활을 원한다면 더욱더 좋은 장소에서 효소 전용 숙성실을 설치하면 좋을 것이다. 물론 완전한 상품으로의 제조는 약간의 행정적인 인허가가 필요할 수 있다.

　효소가 익어가는 것을 매일 보고 체크해가면서 즐거움을 느끼는 것, 이 또한 행복한 것 아닐까?

3. 수제피혁

세계적인 명품들은 공통된 특징이 있는데 사람의 손이 많이 간다는 것이다. 모든 과정을 손으로 만들지 않고 공장에서 만든다고 하더라도 그 과정은 거의 수제품에 준한다는 것이다.

우리나라에선 너무나 많은 사람들이 소유하고 있고 또한 소유하고 싶어 하는 일명 3초백(루이뷔통)이라고 알려진 명품 가방이 있다. 생산 과정을 살펴보면 지금도 주요 공정은 명장들의 눈과 손을 거쳐서 이뤄지고 있고, 재봉틀질도 최대한 정성을 들여 바늘 하나하나를 체크하면서 수동으로 제작한다고 한다. 완벽하게 수제품은 아니더라도 거의 수제품으로 만들기에 더욱더 가치를 인정받고 있는 것이라고 한다. 품질의 수준이 높아질수록 공장에서 찍어내는 제품보다는 사람의 손이 많이 간 제품이 인기가 있다.

평소 디자인에 흥미가 있고 뭔가를 만드는 손재주가 있고 또 그것을 즐기는 분이라면 노후에 수제피혁제품 만드는 일을 하면 어떨까? 수제피혁제품은 가죽을 주원료로 만든 제품으로서 크게 신발류와 가방 등이 있다.

간혹 주위에서 취미로 신발 수집을 하는 경우를 본다. 또 쇼핑하러 가면 가방만을 쇼핑하는 경우도 본다. 이는 신발이나 가방에 아주 큰 흥미와 취미가 있는 경우라고 할 수 있다. 그래서 마음에 드는 신발이나 가방이 있으면 가격과 상관없이 수집하곤 한다.

구두나 가방 등 피혁제품을 많이 사랑하는 분이라면 노후에 수제피혁

제품 만드는 일거리를 제안하고 싶다. 본인이 좋아하는 것을 직접 디자인해 만들면 만드는 것 자체로 행복할 것이다.

그럼 어떻게 가능한지 살펴보자. 수제피혁제품을 만들려면 역시 공부를 해야 한다. 공부하는 곳은 찾아보면 얼마든지 있다. 일반 구두나 가방 제작을 가르치는 사설 학원도 있고 정규 교육기관도 있다. 또 만일 디자인을 공부하고 싶은 경우라면 해당 제품 디자인을 교육하는 교육기관이 많이 있다. 최소 6개월 이상의 교육을 받아야 한다.

다음에는 작업 공간인 일터를 확보해야 한다. 일터는 집도 좋고 외부의 독립된 공간도 좋다. 집인 경우에는 작은 방 하나를 아예 공방으로 꾸미면 된다. 작업을 시작한 초창기에는 수입이 별로 없을 수 있기 때문에 자신의 집에서 작은 방 하나를 자신의 일터로 만드는 것이 좋을 것이다. 그러나 웬만큼 일이 본 궤도에 들고 일정한 매출이 발생하면 외부에 별도의 공방을 만드는 것이 더 좋다고 할 수 있다.

제품을 만들기 위한 원재료와 각종 부속물들은 집적된 판매 장소가 있다. 서울의 경우에는 성동구 등에 밀집해 있다. 교육하면서 자연스럽게 알게 된다. 걱정할 필요 전혀 없다.

일자리인 만큼 당연히 소득이 있어야만 한다. 초창기의 제품은 완벽하기 힘들다. 그러나 일의 특성상 제품을 제작하면 할수록 제품의 완성도가 높아진다고 할 수 있다. 초창기의 제품은 가족을 위한 제품을 중심으로 제작하는 것이 좋다. 구두의 경우 수제화의 특징인 소비자의 발에 정

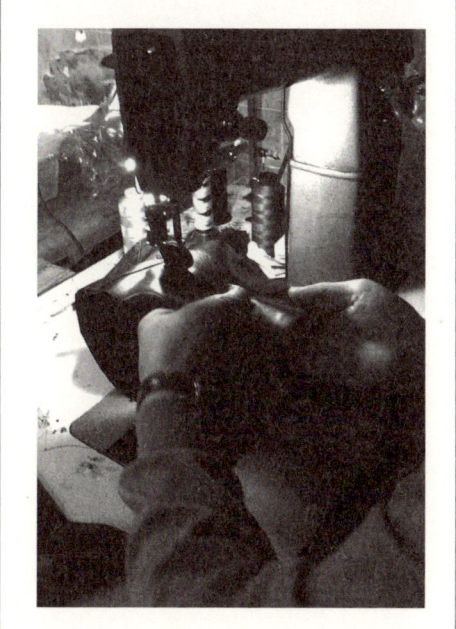

확히 잘 맞는 가장 편안한 신발을 제작하면 된다. 디자인 또한 수요자가 원하는 디자인을 주문하여 제작하면 된다. 그렇게 가족이나 친인척, 지인들을 중심으로 주위 사람들의 제품을 만들다가 점차 이웃 등으로 확대해 판매하면 적정한 수입이 발생할 것이다.

본인이 무척 좋아하는 구두나 가방을 항상 대하면서 노후를 보내는 것이 의미 있고 행복한 일이다. 또한 소비자가 본인이 한 땀 한 땀 노력을 기울여 만든 제품을 행복하게 사용한다는 것을 생각하면 행복하지 않을까? 좀 더 수준 높은 제품으로 발전한다면 멋진 디자인으로 전시회나 발표회를 해도 될 것이다. 나이가 들면 들수록 자신이 만든 제품의 품질과 디자인은 완성도가 더욱더 높아질 것이다.

4. 소목공

나무를 이용해 제품을 만드는 사람을 목공이라고 한다. 목공에는 대목공과 소목공이 있다. 대목공은 주로 건물 짓는 일을 한다. 그리고 소목공은 나무를 이용해 소규모 목제품을 만드는 일을 한다.

구체적으로 소목공이 주로 만드는 것은 목재 문과 창문, 가구, 기타 부속물 등이 있다. 대목공을 하려면 기본적인 체력이 있어야만 가능하다고 할 수 있다. 물론 소목공도 기본적인 체력이 필요하지만 대목공만큼의 체력을 필요로 하지 않는다. 그래서 요즘은 여성들도 소목공을 많이 한다.

요즘 많은 분들이 한옥에 관심이 많다. 한옥은 많은 장점이 있음에도 불구하고 여러 가지 단점에 의해 사람들로부터 외면 받아왔다. 그런데 요즘은 전통적인 한옥이 아닌 개량한옥의 연구가 활발히 진행되고 있다. 한옥의 단점이라고 할 수 있는 단열, 방음, 편의성 등에 대해 많은 개선이 이루어졌다. 건축공사비 또한 많이 저렴해졌다. 앞으로 활발한 개발이 예상된다.

그런데 개량한옥에 사용하는 창문 등은 현대건축에서 사용하는 창문 등을 주로 사용하고 있다. 이에 따라 개량한옥이 한옥 고유의 멋을 내지 못하고 있다. 소목공이 수요에 비해 너무 적고, 제품의 가격 또한 너무 높기 때문이다.

노후에 소목공의 일거리를 하는 것도 하나의 방법이다. 본인이 나무

다루는 것을 좋아하고 또 미적 감각이 좋아서 아름다운 물건을 만드는 것에 흥미가 있는 사람이라면 적극 권하고 싶다.

소목공은 창문만 만드는 것은 아니다. 각종 작은 가구나 소품 등을 만드는 것도 소목공의 일이다. 일은 본인이 개발하기에 따라 무궁무진하다고 할 수 있다.

유료, 혹은 무료로 소목공 교육을 실시하는 곳이 많이 있다. 짧게는 6개월에서 1년 정도 배우면 된다. 완전히 혼자서 할 수 있을 정도로 적당한 기간, 기존의 작업장에서 연수하면 좋을 것이다. 작업장은 시내도 좋지만 시의 외곽지역도 좋을 것이다. 노후에 행복한 일거리가 될 것이다.

5. 전통주

술을 좋아하는 사람들이 많다. 필자도 개인적으로 술을 좋아한다. 그냥 알코올을 좋아하는 사람도 있고, 술맛을 예민하게 느끼며 마시는 사람도 있다. 우리나라의 술맛은 좀 단조로운 경향이 있다. 맥주는 두세 개의 브랜드가 대부분의 시장을 독점해왔다. 우리나라의 맥주 맛은 두세 개만 있는 것이다. 소주, 막걸리 등의 대중주(酒)는 대부분 독점적인 시장 구조이다. 술맛에 대해 아주 예민하고 깊은 맛을 느끼기를 즐기는 분이라면 전통주 일을 하기를 권한다.

전통주에 대해 간단히 알아보자.

전통주[4]라고 하면 우리나라에서 재배된 재료를 바탕으로 누룩을 발효주 재료로 사용하여 만든 술이다. 전통주는 제사상에 올리는 술이라는 인식과 함께 명절 때 도자기에 넣어서 선물하는 선물용이라는 인식이 많은 편이다. 그러나 전통주에 대해 공부해보면, 그 종류는 너무나 다양하고, 제조 방법도 창의적이며, 다양한 맛과 향을 지니고 있음을 알게 된다.

전통주의 우수성을 살펴보면 다음과 같다.

첫째, 전통주는 우리의 체질에 맞는 곡주이다. 우리의 먹거리 중에서 가장 비싼 것은 당연히 국내산이다. 그것은 우리 몸에는 우리 땅에서 자란 것이 가장 좋기 때문일 것이다. 우리는 곡식(그 중에서도 쌀)이 주식이

---

4) 이 글은 와인24(http://krhttp://www.wine21.com)에 게재된 「맛과 멋이 있는 풍류의 술, 전통주」(모형우)를 요약해 정리한 것이다.

다. 전통주는 바로 이 곡물을 이용해 만든 술이기에 체질적으로 우리의 몸에 잘 맞는다고 할 수 있다.

둘째, 전통주는 다양한 맛과 향을 가지고 있다. 우리의 전통주는 자연적인 방법으로 만들어지는 전통 누룩을 사용해 제조되기에 다양한 맛과 향을 지니게 된다. 곡식으로 만들어진 전통주에서 각종 과일 향과 깊은 감칠맛이 느껴지는 이유는 바로 전통 누룩을 이용해 숙성하기 때문이다.

셋째, 전통주는 계절감과 풍류의 멋이 있는 술이다. 각 계절과 절기에 따라 마시는 술이 다양하다. 봄에는 흐드러지게 핀 진달래꽃을 이용해 '두견주'를 만들어 마시는데 그 맛이 달짝지근하고 감칠맛이 매우 좋다. 배꽃이 필 무렵에 제조하는 '이화주'는 새콤달콤한 맛이 인상적인 고급 탁주다.

여름철에는 '과하주'가 있는데 과하주는 약간의 소주를 첨가해 여름에도 상하지 않고 마실 수 있는 술이라고 할 수 있다. 가을에는 햅쌀로 빚어 마시는 '신도주'가 있고, 국화로 만든 '국화주'가 있다. 겨울에는 매화를 이용해 만든 '매화주', 그리고 귀가 건강하라고 마시는 '귀밝이술'이 있다.

넷째, 전통주는 건강에 도움을 주는 약주이다. "약주 한 잔 하세요", "약주 하셨습니까?"라는 표현에서 알 수 있듯이 전통주에는 건강을 지키기 위한 술이라는 개념이 있다. 인삼주, 두충주, 백세주 등 건강에 도움을 주는 다양한 약재를 사용해 많은 술을 제조한다.

전통주의 종류는 무궁무진하다. 전체적인 종류를 살펴보면 '거르는 형태'에 따라 탁주와 청주, 그리고 증류식 소주로 나눌 수 있다.

첫째, 탁주는 흔히 이야기하는 막걸리인데, 재료와 물, 누룩을 넣고 적당한 온도를 유지하면 발효가 되어 만들어지는 술이다. 그리고 청주는 술을 빚어 맑은 부분만을 떠낸 술로 전통주의 근간을 이룬다. 마지막으로 증류식 소주가 있는데 이는 희석식 소주와는 격이 다른 술이라고 할수 있다. 전통 소주는 탁주나 청주를 증류하여 한 방울 한 방울 얻어낸귀한 술이라고 할 수 있다. 쌀 1kg을 재료로 하면 탁주는 6리터, 청주는3리터, 소주는 1리터가 만들어진다고 한다.

전통주는 조선시대에 전성기를 맞이해 약 600여 종이 문헌에 남아 있을 정도였다. 그런데 구한말 외래문화의 유입과, 1909년 일제의 주세령, 그리고 1965년 국가의 식량관리법 등의 이유로 거의 없어졌다고 할 수있다. 88올림픽 때 외국인들에게 자랑할 술 하나 없는 심각성을 깨닫고조금씩 복원이 되어가고 있는 중이다.

술의 맛과 향에 관심이 있다면 전통주를 노후의 일거리로 만들어 전통주와 함께 하는 것도 행복한 노후를 위한 일이라고 할 수 있다. 전통주를이용한 일거리는 여러 가지 형태가 있을 수 있다.

첫째로는 전통주를 제조해 판매하는 것이 있을 수 있다. 나름 자신만의 전통주를 만들어 그 양에 따라 전통주를 판매하는 인터넷쇼핑몰이나 전통주 전문주점 들에 납품하면 될 것이다. 시간이 가면서 더욱더 향과 맛이 좋은 술을 만들 수 있으니 그 인기는 더욱더 좋아질 것이다. 또한 가지는 본인이 직접 전통주 전문주점을 만들어 직접 손님에게 서비스하는 것이다.

  노후에 나이가 들면 들수록 더욱 더 맛있는 술을 빚을 것이다. 자신이 가장 좋아하는 술의 진한 맛을 보며 살아가니 행복한 삶이 아니겠는가? 다만, 술을 너무나 좋아해서 알코올 중독이 되는 분은 절대 해서는 안 될 일거리이다.

6. 된장

한국인의 음식 중에서 먹어도 먹어도 싫증나지 않는 음식이 있는데 그것은 바로 김치와 된장이라고 할 수 있다. 그 중에서도 된장에 대해 한번 생각해보자.

된장은 우리 고유의 음식으로서 전통적으로 집에서 담가 먹었다. 그러나 도시생활이 일반화되면서 도시에서 된장을 담그는 것은 한계가 있을 수밖에 없다. 자연스럽게 공장에서 된장을 만드는 시스템이 일반화되었다. 그러다 보니 된장의 맛이 천편일률적이 되어가는 느낌이다. 특정 지역의 브랜드를 사용해 된장을 생산해 판매하지만, 역시 전통적인 된장 제조 방법보다는 대량생산 시스템으로 된장을 생산하고 있다.

옛 시골에서 어머니께서 만들어 주셨던 된장 맛의 추억을 기억하는 사람들이 많다. 한국인에게 된장 맛은 가장 전통적인 고향의 맛이라고 할 수 있다. 그런데 아무리 많은 연구원들이 연구해 만든 된장이라고 하더라도 예전 어머니의 손맛과는 차이가 있다.

문전성시를 이루는 식당 중에 된장 맛이 좋아서 유명한 음식점이 된 곳도 아주 많다. 그만큼 된장에 대한 한국인의 사랑의 깊이는 깊은 데 비해 전통적인 제조 방식으로 만들어진 된장은 점점 더 줄어드는 게 현실이다.

노후에 전원생활을 하는 것에 대해 앞에서 비판적으로 이야기했지만, 전원생활을 너무 동경해 실행하는 분이 계신다. 이렇게 시골에서 전원

생활을 하며 노후생활을 하기 원하시는 분들은 된장 사업하는 것을 권해 드린다.

그런데 된장사업도 사업이다 보니 사업성이 있어야 한다. 우리나라의 모든 가정에서 항상 먹는 것이 된장이니 수요가 없을 수 없다. 그러면 무엇이 문제이란 말인가? 바로 맛이다. 된장이 맛만 있으면 이 사업은 더 생각할 것도 없이 무조건 성공이라고 할 수 있다.

성공의 핵심인 된장의 맛은 어떻게 확보하는가? 이를 위해서는 역시 가장 맛을 잘 내는 분들을 찾아가서 사적으로 지도 받는 수밖에 없다. 가장 어려운 부분이다. 이는 본인 스스로 개척해야 한다. 이를 위해 1년의 시간을 보낼지도, 2년의 시간이 지날지도 모른다. 하지만 길고도 긴 노후를 빠른 속도로 재미있게 보내기 위해서는 맛의 노하우를 확보해야만 한다.

그리고 된장 속에 갖가지 종류의 장아찌를 담근다면 이 또한 아주 큰 일거리다. 국산 콩을 현지에서 구입해 장류를 담근다면 그 제품의 품격은 더욱더 올라갈 것이다.

된장 맛을 확보한다면 그 다음부터는 땅 짚고 헤엄치기다. 주위 분들부터 시작해서 인터넷, 단체 주문 등 그 수요는 한도 끝도 없다. 단지 이것을 위해서는 적당한 체력을 필요로 한다. 적당한 노동을 해야 한다는 것이다. 그런데 오히려 적당한 노동이 건강에 더 좋을 수 있으니 이 또한 긍정적으로 생각할 수 있는 부분이다.

노후에 부부가 오손도손 전원의 햇살을 받으며 된장 맛의 깊음을 음미하며 된장 속에 담아진 장아찌의 향에 취하며 사는 것도 멋지지 않은가? 또 된장과 고추장 그리고 장아찌의 맛은 나이가 들면 들수록 깊어질 것이다. 60대에 담근 된장보다 70대에 담근 된장이 더욱 맛있을 수 있다. 이는 수입이 더 많아짐을 의미한다. 나이가 들면 들수록 수입이 많아지는 인생, 이런 인생을 살아야 더 신이 날 수 있다.

7. 아이스크림

정년퇴직하고 가장 많이 시작하는 사업은 역시 음식점이라고 할 수 있다. 그리고 성공 확률은 가장 적은 것이 현실이다. 의욕적으로 시작했다가 아주 많은 분들이 실패의 맛을 보게 된다. 그러는 과정에서 은퇴를 위해 준비한 노후자금을 많이 잃기도 한다. 음식점 함부로 하라고 하기는 너무나 조심스럽다. 그런데 혹시 한다면, 다른 개념의 식문화를 위한 노후의 일을 하면 어떨까?

필자는 텔레비전을 비교적 많이 시청하지 않는 편이다. 역사극과 시사프로그램 중 일부를 시청하는 편이다. 그런데 요즘 즐겨보는 프로그램이 하나 있는데, 종합편성 채널인 채널A의 〈먹거리 X파일〉이다. 〈먹거리 X파일〉은 흔히 말하는 먹는 음식과 관련된 방송이라고 일컬어지는 '먹방'이다.

다른 먹거리방송은 일방적으로 맛있는 음식점만을 소개하는 데 비해 이 프로그램은 나름대로의 기준을 가지고 엄격히 선정한 먹거리를 방송하고 있다. 물론 그 기준과 관련해 비판적인 사람이 많은 것이 사실이다. 그런데 이 프로그램을 보면, 단순히 먹고 살기 위해 돈을 번다는 개념에서 음식점을 하기보다는 나름대로의 사명감과 즐거움으로 음식점을 하는 사람들을 많이 본다. 꾸준히 노력해서 사업적으로도 성공하고 보람된 생활을 하는 것을 보았다.

일반적으로 아이스크림 전문점은 대기업 체인점이 주류를 이룬다. 그렇다 보니 아이스크림 맛이 천편일률적이라고 할 수 있다. 물론 아주 전문적인 연구원들의 연구를 통해 나온 제품이니 소비자의 만족도가 높을 수 있다. 그러나 대기업 체인점에서 내놓는 아이스크림이 천연성분만으로 맛을 내는지에 대해서는 잘 알 수 없고, 맛의 다양성 측면에서 떨어지는 경향이 있다.

필자가 앞의 TV 프로그램에서 소개한 아이스크림 전문점에서는 아이스크림의 맛을 내는 데 있어서 몸에 좋다고 생각되는 천연재료만을 사용해 아이스크림을 제조하고 있다. 깻잎아이스크림, 쌀아이스크림 등 그 종류도 무궁무진했다.

아이스크림을 만드는 과정은 공부하면 그리 어렵지 않다. 단지 아이스크림에 들어가는 재료의 조합을 어떻게 하느냐가 핵심이다. 아이스크림 만드는 일을 하는 데 있어서 나이는 문제가 되지 않는다. 오히려 재료에 대해 더 많이 알 수 있는 노하우는 나이가 들어서 더 좋을 수 있다.

아이스크림의 주 손님은 젊은이들이다. 어린아이도 많다. 노후에 젊은 사람들과 많이 접하는 것도 젊게 사는 한 방법이다. 인공먹거리를 배제하고 천연재료만으로, 자신만의 노하우 레시피로 개발한 아이스크림을 젊은이들에게 제공하며 대하면 그 또한 행복한 삶이 아닐까?

아이스크림을 만드는 노하우는 점점 더 축적될 것이기에 시간이 지나감에 따라 아이스크림의 품질은 높아질 것이다.

젊은이들 역시 대기업에서 대량생산된 아이스크림을 먹기보다는 몸에 좋은 재료로만 정성스럽게 만들어진 수제아이스크림을 먹는 것도 행복한 일이다. 항상 젊은 친구들과 만나는 즐거움, 젊은 친구들이 즐거워하는 모습을 보는 즐거움, 이런 즐거움을 느끼며 지내는 노후! 행복하지 않을까?

아이스크림을 만들기 위해서는 일단 공부를 해야 한다. 한국에서 아이스크림 만드는 과정을 전문적으로 교육하는 기관은 찾기 힘들다. 국내 아이스크림 분야에서 일정한 수준에 있는 사람들은 외국 유학을 다녀온 것으로 알려져 있다. 물론 여건이 된다면 외국 유학을 할 수도 있겠다. 그러나 외국에 공부하러 갈 형편이 아니면 우리나라의 교육기관을 찾아보고, 기존의 수제아이스크림을 만드는 곳에서 연수를 받으면 된다. 의지가 있으면 공부하는 길은 열려 있다.

8. 여행가이드

본서의 앞부분에서 언급했듯이 노후에 무엇을 하며 보내고 싶으냐는 질문에 가장 많은 분들은 '여행'이라고 대답한다. 그러면 여행을 직업으로 삼으면 어떨까 하는 생각을 할 수 있다.

여행가이드를 직업으로 하면 어떠냐는 제안에는 다들 고개를 설레설레 흔든다. 사실 여행가이드라는 직업은 아주 고된 노동을 해야만 하는 직업이다. 그럼에도 불구하고 보수는 적은 편이라고 한다.

여행가이드의 실질적인 주 수입은 팁과 쇼핑에 따른 커미션이라는 말이 있다. 그렇다면 노후에 여행가이드를 하는 것은 체력적으로도 경제적으로도 힘든 일이다. 그런데 왜 여행가이드를 노후의 직업으로 제안하는지 독자들은 의아해할 것이다. 그런데 한번 깊이 살펴볼 일이 있다.

과거에 여행이라고 하면, 문화재를 관람하고, 좋은 경치를 구경하고, 쇼핑하는 것이 대부분이었다. 현재도 대부분의 여행은 기존의 여행과 비슷하다. 그런데 그렇게 여행한 여행객들이 그곳을 다시 방문하는 비율이 적은 것이 현실이다. 우리 역시 패키지 상품에 따라 중국이나 기타 등지의 여행을 하고 나서는 그와 같은 여행을 또 하지 않는 것과 같다.

그러면 어떻게 해야 해외여행객이 우리나라를 또 여행하게 할 것인가? 대답은 다시 찾고 싶은 프로그램을 개발하는 것이다.

우리의 역사는 유구하기 때문에 역사 자료는 많다고 할 수 있다. 역사를 바탕으로 여행을 스토리텔링화하면 어떨까? 이야기가 있는 풍성한 여행 프로그램이 있다면 해외여행객들이 방문하고 또 방문해도 항상 즐겁고 행복할 것이다.

그렇다면 스토리텔링에는 어떤 것이 있을까? 특별화된 프로그램은 어떤 것이 있을까?

예를 들면 이런 것이 있을 수 있다. 우리나라는 도시나 나라의 방어를 위해 성(城)을 많이 구축했었다. 서울에는 서울성곽과 북한산성, 남한산성, 행주산성 등이 있다. 큰 도시에는 성곽이 비교적 잘 남아 있다. 수원의 화성은 그 역사적인 가치가 무궁무진하지 않은가? 지방에도 성이 많이 남아 있고, 또한 많이 복원되어 있다. 낙안읍성, 해미읍성 등 그 수는 헤아릴 수 없을 정도로 많다. 산에도 많은 산성이 있다. 남한산성, 행주산성, 북한산성, 청주의 상당산성, 단양의 온달산성 등 그 수가 엄청나다.

외국여행객에게 한국의 성곽을 주제로 한 프로그램을 선보이면 어떨까?

서울여행이라면 대표적인 여행지로 인사동, 남산타워, 한강, 동대문시장, 남대문시장만을 내세우지 말고 〈한국의 성곽 여행〉이라는 프로그램을 개발하면 어떨까? 이에 관심 있는 해외여행객의 반응은 폭발적일 것이다.

우리의 문화재 중 성곽에 관심이 있는 분이라면 성곽에 대한 연구를 나름대로 열심히 해서 〈한국의 성곽 여행〉이라는 프로그램을 만들어 여행가이드를 하면 나름대로 보람을 느끼며 행복한 여생을 보낼 것이다.

단지 성곽만이 주제가 될 수는 없다. 한국 전통 음식문화, 한국 전통 주거문화, 한국의 유학 등도 좋은 소재가 될 수 있다. 개발하면 무궁무진하다. 가장 흥미 있는 것에 대해 연구하고 그것을 외국인에게 소개한다면 그 자체가 국위선양이요, 보람 있는 일이다.

이러한 여행가이드를 하기 위해서는 많이 움직여야 한다. 이는 본인의 건강에도 도움을 주는 활기찬 일이다.

여행가이드에 대한 생각을 바꾸자. 여행을 좋아한다면 나름대로의 프로그램을 만들어서 시행하면 된다. 자신이 좋아하는 가장 관심 있는 것을 세상의 많은 사람들에게 알리자. 그리고 돈도 벌자. 국가를 위해서도, 자신을 위해서도 행복한 일이다.

9. 택시기사와 홈스테이

독자들은 운전기사를 노후의 일자리로 추천하면 아마 필자를 정상적인 사람으로 보지 않을 것이다. 요즘 택시기사 하기가 얼마나 힘든데 택시기사를 하라고 하냐고……. 택시기사의 현실은 대부분 오픈되어서 다 아는데 무슨 달나라 이야기를 하냐고…….

맞다. 요즘 택시기사의 일은 많이 힘든 편이다. 일단 일의 강도가 너무 힘들다. 일을 마치고 집에 오면 지칠 정도의 힘든 일이 택시기사이다. 거기에 비해 수입은 한 가족이 생활하기에 너무 빠듯하다. 그래서 택시기사는 아주 힘든 일거리 중의 하나이다. 그런데 행복한 노후를 보내는 데 택시기사를 하라고? 이거 뭔가 이해가 안 되는 이야기다.

그러나 일반적인 택시기사 말고 좀 특별한 택시기사를 하면 어떨까 싶다. 즉, 외국여행객 전용 택시(꼭 택시만을 의미하는 것은 아니다. 승합차일 수도 있다.) 운전을 하는 것이다.

국내 여행을 하는 외국여행객들에게 일반적으로 영어, 일어, 중국어는 많이 서비스된다. 그러나 그 이외 언어의 서비스는 아주 국한되어 있다. 예를 들어 터키어, 러시아어, 스페인어 등은 일반적으로 서비스되지 않는다. 따라서 한국어나 영어를 잘 하지 못하는 외국인이 한국여행을 하는 데는 많은 불편이 따른다. 교통, 숙박 안내 등 여러 가지로 어려움을 겪는다.

그러면 노후에 아주 많이 사용하는 외국어가 아닌 특정한 언어를 사용할 수 있다면 얼마나 유용할까? 구체적인 예를 하나 들어보자.

지인이 터키를 여행했는데 깊은 감명을 받았다고 한다. 터키는 터키어를 사용한다. 독자 중에 터키에 관심이 많은 분이 있다면 터키어 익히기를 권한다. 물론 나이가 들어서 외국어 공부하는 것이 쉬운 것은 아니다. 그럼에도 터키에 대한 관심이 많다면 그리 어려운 것도 아니다. 일상회화는 1년이면 충분하리라 생각된다. 더 심오한 터키어가 필요하다면 얼마든지 더 시간을 갖고 공부하면 될 일이다.

한국여행을 하고 싶어 하는 터키인이 있다면 그를 공항에서부터 픽업해 그가 원하는 여행을 안내해주면 되는 것이다. 그런데 이왕이면 한국여행에 대한 공부를 더 해서 나름의 여행코스를 개발해 놓으면 더욱더 도움이 될 것이다. 여행 중에 한국에 대한 자세하고 친절한 설명을 해주면서 기분 좋은 여행이 되도록 만든다면 그가 바로 민간외교관이 아닌가?

이는 노후에 여자보다는 남자가 잘 할 수 있다. 왜냐하면 운전하는 데 일정한 체력이 필요하기 때문이다. 그런데 노후에 부부가 같이 일을 하며 보내는 것도 의미 있는 일이다. 그래서 부인은 한국을 방문한 여행객을 상대로 홈스테이를 하면 어떨까? 물론 부부가 같이 도와가며 해야 하는 일이다.

홈스테이는 이렇게 하면 어떨까? 홈스테이를 하기 위해서는 집이 있어야 한다. 집은 어디가 좋을까? 전원지역도 좋다. 그러나 여행객에게는 접근성이 용이한 도시지역이 더 좋을 수 있다.

도시에서 주택은 상당부분 아파트가 차지하고 있다. 그런데 여행객에게 한국의 아파트 문화를 소개하기보다는 좀 더 한국적인 주거문화를 소개하는 것이 좋을 것이다.

한국의 전통적 주거문화는 무엇일까? 바로 한옥이다. 한옥을 짓고 살면서 한옥을 게스트하우스로 꾸며 홈스테이를 하면 어떨까?

노후에 특별한 해외여행객을 위한 일을 하기 원하는 분들에게 한옥(이하 위에서 말한 신한옥(개량한옥)을 한옥이라 칭함)을 추천 드린다. 한옥을 노후 부부의 생활공간과 더불어 외국여행객을 위한 게스트하우스로 미리 설계하여 건축한다면 여행객에게 큰 만족감을 줄 것이다. 운전과 가이드는 안 하고 게스트하우스만을 운영하는 것도 있을 수 있다.

한옥은 대도시의 도심에 건축하기에 제한이 많다. 토지의 효율성도 적은 편이다. 따라서 한옥은 위성도시라든가 신도시의 미분양 토지를 매입해 건축하는 것이 합리적일 것이다. 전원지역에서 전원생활을 계획하는 분께도 한옥을 권해드린다. 한국의 아름다움을 느끼며 살아가자.

정리를 하면 이렇다. 노후에 일반적인 영어, 중국어, 일어 이외의 외국어 하나 정도 익히자. 잘 하면 좋지만 회화 정도만 해도 좋다. 그리고 해당 언어권에 있는 여행객을 상대로 홍보를 하자. 가족 간, 친한 친구 간의 여행객을 상대로 공항에서 픽업부터 시작해 자국으로 돌아갈 때까지 풀 서비스를 해보자.

물론 관광객에게 좀 더 아름답고 깊이 있는 프로그램을 만드는 것은 지속적으로 공부하고 노력해야 할 것이다. 한국의 역사, 문화에 대한 끊임없는 탐구가 더욱 풍성한 프로그램을 개발하는 데 도움이 될 것이다.

부인은 한국의 문화에 대한 소개를 하면 된다. 특히 한국 특유의 맛있는 식문화에 대해 소개하면 관광객의 만족도는 클 것이다. 한국 고유의 주거 문화인 한옥에서 숙박하고 한국 고유의 음식을 가정의 분위기에서 접한다면 아마 한국을 여행한 여행객은 큰 행운이라고 여기며 행복해 할 것이다.

노후를 보내면서 한국에 대해 알리는 일이 얼마나 보람 있겠는가? 또한 중요한 것이 있는데, 노후에 살면서 되도록이면 기분 좋게 웃으며 보내는 것이 좋다는 점이다. 여행객은 주로 즐거움을 만끽하려고 오는 사람들이다. 따라서 항상 웃는 사람들과 함께 하는 노후가 훨씬 더 행복할 것이다.

일 년에 한 번이나 두 번, 열심히 닦고 닦은 외국어를 쓰는 나라로 해외여행을 다닌다면 그 또한 얼마나 즐거운가? 웃으며 멋지게 노후의 삶을 영위하자.

노후에 한옥에서 살고 싶은 분들이 많은 만큼 한옥 이야기를 조금만 하자.

우리의 한옥은 아주 많은 장점이 있음에도 불구하고 결과적으로 거의 사라져

가고 있다. 일부 보존지구에서만 정부에서 보조금을 지원해가며 한옥을 지켜

가는 실정이다.

그러면 왜 한옥은 점점 더 사라져가고 있는가? 그것은 현대생활을 하는 데에는

한옥의 불편함이 너무 많기 때문이다. 현대생활에 있어서는 아파트 문화가 가

장 최적의 형태로 여겨지고 있다.

한옥은 흙벽으로 만들어져 집이 숨 쉬고, 건강에도 좋은 친환경적 가옥이다. 창

호 또한 나무와 한지로 이루어져 있다. 그러나 한옥의 벽과 창호는 현대의 소음

과 단열에 결정적으로 취약하다. 그래서 '웃풍'이라는 말이 한옥에 있지 않은

가? 한옥은 춥고 연료비 또한 많이 든다.

한옥의 흙벽은 친환경적이기는 하지만 주기적으로 보수해 주어야만 한다. 부엌이라든가 화장실 등도 전통 한옥의 경우 매우 불편하다. 또한 전통 한옥의 건축 비용은 현대주택 건축 비용의 두세 배에 달한다.

요즘은 '개량한옥', 혹은 '신한옥'이라는 새로운 개념의 한옥에 대한 연구가 활발히 이루어져 거의 실용화 단계에 있다. 전통 한옥의 장점과 아파트 문화의 장점을 모두 취해 개발된 것이다. 신한옥의 내부는 아파트의 편리함을 거의 갖추었고, 외부는 한옥의 아름다운 멋을 구현했다. 물론 내부 인테리어에서도 한옥의 아름다운 창호살 등을 재현해 멋을 창출하였다.

현대적인 공법 등을 과감히 수용해 공사비 또한 크게 낮추었다. 기존 주택의 건축비와 비교하면 1.5배 수준까지 비용을 낮추었다. 따라서 한옥의 멋을 느끼며 노후를 보내고 싶은 독자께는 신한옥을 추천한다. 각별한 느낌으로 생활할 것이다.

10. 커피와 음악 그리고 전통차와의 조화

취미가 무엇이냐고 질문을 하면 음악 감상이라고 말하는 사람이 아주 많다. 특별히 생각나는 것이 없어서 그렇게 말하는 경우도 있고, 진정한 음악 마니아도 있다.

경기도 파주의 예술 마을 헤이리에 가면 라디오 명 DJ인 황인용 씨가 클래식 음악감상실을 운영하고 있다. 만약 독자가 음악 마니아라면 음악과 관련된 것으로 일거리를 만들라고 추천하고 싶다. 그런데 음악을 막연히 좋아하는 수준이어서는 안 된다. 하루 종일 자신이 좋아하는 음악만 듣고 있는 것이 제일 행복한 정도여야 한다.

음악도 여러 종류가 있다. 클래식, 팝, 재즈, 댄스, 레게 등 그 수는 분류의 종류에 따라서 아주 다양하다. 독자들은 단순히 음악만으로 무슨 일거리를 만들 수 있는가에 대해 의문을 가질 것이다. 고민하면 얼마든지 가능할 수 있다. 전문 음악감상실도 좋은 일거리로 만들 수 있다. 물론 전문 음악감상실에서 단지 음악 감상만 하는 것이 아니라 자신이 좋아하는 전통차나 커피전문점도 같이 하면 좋다.

요즘 한국은 커피 열풍에 휩싸여 있다고 할 수 있다. 도심지에는 건물마다 거의 커피전문점이 자리 잡고 있고, 대부분 성황리에 운영되고 있다. 커피 가격 또한 비교적 비싼 편이다. 어떤 젊은 여성은 분식집에서 2,500원짜리 라면으로 식사를 때우고 디저트로 커피전문점의 5,000원 짜리 커피를 마신다고 한다. 그만큼 한국은 지금 커피 열풍에 푹 빠져 있다고 할 수 있다.

한 전문가는 한국이 커피 열풍에 휩싸인 것은 '파노플리 효과'때문이라고 설명한다. 이는 우리가 자동차 게임을 하면 진짜 드라이버가 된 듯한 기분이 드는 것과 같이 브랜드커피를 마시면 영화 속 주인공이 된 것 같은 느낌을 받게 되기 때문이라는 것이다.

커피 열풍이 한국을 휩쓸다 보니 자연스럽게 커피 마니아도 많이 나오고 있다. 커피의 생산지에 따라서 맛이 미묘하게 다르고 또 로스팅을 어떻게 하느냐에 따라 맛이 달라진다고 한다. 독자 중에 그 미묘한 커피 맛에 매료되어 커피 마니아가 된 분이 있다면 커피전문점을 개설할 것을 권한다.

진정한 커피 맛을 내기 위해서는 세계 각국에서 생산되는 커피를 농장에서 직수입하는 것도 차별화하는 방법 중의 하나이다. 농장을 찾아다니는 과정 자체가 아주 멋진 여행이 될 것이다. 세계 각지의 커피농장을 찾아서 독특하고 맛있는 커피를 만들어 고객에게 제공한다면 이 또한 보람 있는 일이라고 할 수 있다.

물론 로스팅은 당연히 직접 해야만 하는데 이에 대한 나름대로의 노하우로 색다른 커피 맛을 낼 수 있을 것이다.

필자의 지인은 노후에 양수리에 커피전문점을 오픈해서 무척이나 행복한 나날을 보내고 있다. 이 커피전문점에는 주로 커피 마니아가 많이 찾아온다. 실내 공간은 자신이 취미로 모은 수집품을 주로 전시했고 커피는 자신만의 노하우로 정성스럽게 만든다. 손님에게는 손님이 마시는 커피에 대한 이야기를 곁들어 설명해준다. 노후에 항상 커피 향 가득한 자신의 공간에서 자신이 가장 사랑하는 커피와 함께 그리고 커피를 사랑하는 사람들과 교제하면서 행복하게 보내고 있다.

커피의 프로페셔널이 되려면 역시 일정한 공부를 해야만 한다. 요즘은 커피에 대해 공부할 수 있는 곳들이 많이 있다. 사회교육기관도 있고 정규교육기관도 많이 있다. 이왕 하려면 제대로 교육을 받고 해야 가능할 것이다. 공짜로 되는 것은 없다.

물론 커피만을 대상으로 하지 않는다. 필자가 앞에서 언급했던 효소도 훌륭한 음료가 될 수 있다. 효소하우스를 하면서, 건강에 아주 좋은 효소즙을 주제로 한 찻집을 해도 좋을 것이다. 이에 더해 효소엑기스를 판매해도 좋을 것이다. 효소로 자신의 건강도 돌보고, 고객들에게 건강을 선물하니 이 얼마나 보람 있는 일인가?

효소를 구하기 위해서는 전국을 철따라 다녀야만 귀한 효소를 구할 수 있을 것이다. 효소를 구하러 전국을 여행하는 것 자체가 노후에 소소한 행복을 가져다 줄 것이다.

효소만이 아니다. 녹차도 좋은 주제가 될 수 있다. 단순한 녹차를 제공하는 게 아니라, 녹차마을에서 직접 녹차를 매입해 자신만의 향을 내는 녹차하우스를 낸다면 그 역시 멋진 노후를 보낼 수 있을 것이다.

다른 전통차도 마찬가지다. 직접 원료부터 구입해 자신만의 특색 있는 전통차를 제조한다면 인스턴트에 길들여진 우리의 입맛에 또 다른 신선함을 줄 것이다.

이를 위해서는 물론 녹차, 전통차, 효소에 대한 깊은 정도의 공부가 선행되어야 한다.

앞에서 음악 마니아라면 음악감상실을 권했다. 그런데 음악감상실과 찻집은 궁합이 맞는다. 자신이 좋아하는 음악을 들으며 깊음이 우러나오는 특별한 차를 함께 한다면 무척 잘 어울릴 것이다. 특히 이런 일은 부부가 같이 한다면 더욱더 시너지효과를 가져올 수 있다.

노후에 자신이 가장 좋아하는 음악과 향이 깊은 차와 함께 보낸다면 이 어찌 행복하지 않을까?

11. 마술

나이가 들어감에 따라서 스스로 퇴화하고 늙어간다고 생각하기 쉽다. 실제 그렇기도 하지만 스스로 더욱더 많이 늙어간다고 여기는 경향도 보인다. 그러면 이런 생각을 덜 갖게 하는 것은 어떤 것이 있을까? 여러 가지가 있지만 아이와 같이 하는 시간을 많이 갖는 것이다.

필자는 지자체에서 건축심의위원을 몇 년간 했었다. 그때 주로 아파트 신축 설계에 대한 건축심의를 했다. 필자가 당시 아파트 설계에서 강조해 심의하던 사항은 노인정과 어린이 놀이터의 배치에 관한 것이었다. 즉, 노인정과 어린이 놀이터가 인접해서 같이 있어야만 하고, 노인정에서 놀이터가 보이도록 하라는 것이었다. 어르신들은 특히 어린아이를 좋아하기 때문이다.

시골에 사시는 할아버지와 할머니들은 도시에서 살고 있는 손주들을 매우 보고 싶어 한다. 어린아이의 웃음소리가 어르신에게는 아주 기분 좋은 엔도르핀을 생성하게 한다. 따라서 어르신은 아이를 보거나 아이의 웃음소리를 들으면 기분이 좋아진다. 한마디로 아이는 어르신을 회춘하게 해주는 존재다.

아이 또한 할아버지 할머니를 좋아하는 경향이 많다. 왜냐하면 어르신들은 더욱더 따뜻한 손길로 어린아이를 다루기 때문이다. 부머세대들은 대개 할머니에 대한 아름다운 추억들이 있을 것이다. 어르신과 어린아이들은 궁합이 잘 맞기 때문이라고 할 수 있다.

아파트단지에서 어린이 놀이터와 노인정을 인접하게 하는 것은 어르신들이 놀이터에서 놀고 있는 아이를 보는 것만으로도 기분이 좋아지고 또 아이들이 놀고 있는 것을 어르신들이 보고 있으니 아이들의 안전에 훨씬 더 유익하기 때문이다. 노후에 주로 아이들과 생활한다면 그 또한 멋진 일이 아닐까?

아이들에게 다가가기 위해서는 당연히 아이들이 좋아하는 것을 해야 한다. 아이들이 싫어하는 주제로 접근하면 아이들은 도망갈 것이다. 아이들이 가장 좋아하는 것은 무엇일까?

그 중의 하나는 '마술'일 것이다. 어린아이들 중에서 마술을 싫어하는 아이는 거의 없다. 답은 나왔다. 마술을 하는 것이다.

어린아이들을 위한 마술은 무섭거나 과격한 것은 정서에 좋지 않을 수 있다. 소소한 즐거움을 줄 수 있을 정도면 좋다. 당연히 마술을 배워야 한다. 마술을 가르치는 곳은 찾으면 얼마든지 있다. 또 마술은 한 번 배우면 계속 사용할 수 있고, 새로운 것은 연구하여 개발하면 된다. 스스로의 끊임없는 연구가 있어야만 가능하다.

마술은 어디 가서 하면 좋은가? 요즘은 보편적 복지 때문에 대부분의 아이들이 어린이집 혹은 유치원을 다닌다. 예전에 비해 많은 어린이집이 있다. 약간 저렴한 수고비(?)를 받고 마술을 통해 아이들을 즐겁게 해준다면 공연할 장소는 헤아릴 수 없이 많다. 본인이 시간이 없을 만큼 많은 곳에서 마술 공연 요청이 있을 것이다.

작은 승합차에 마술을 위한 도구들을 싣고 다니면서 어린아이들과 함께하는 노후, 얼마나 행복할 것인가? 나이가 들면 들수록 마술의 종류도 많아져서 그 가치는 더욱더 높을 것이다. 어린아이와 함께하는 행복한 노후를 만들자.

Part 4

노후자금은?

필자가 노후와 관련돼 출간된 서적들을 살펴보니 대부분 노후자금 마련을 위한 책이었다. 이는 노후를 위한 준비로서 가장 중요한 것이 노후자금이라는 것의 반증이기도 하다. 필자는 앞의 3장에서 노후를 행복하기 위해 가장 기본이 되는 것은 노후자금이라고 했다. 노후자금이 기본적으로 마련되어 있어야 행복한 노후를 보낸다는 것이다.

　　노후자금에 대한 관심은 무척이나 크다. 혹시 독자 중에서 앞의 1~3장보다도 더욱 더 중요하다고 여겨지는 노후자금에 관해 알기 위해 본 4장을 먼저 읽는 분이 있는지도 모르겠다. 당연히 노후자금은 1~3장의 행복한 노후를 이루기 위한 기본 바탕이니만큼 그 중요성에 대해서는 아무리 강조해도 부족함이 없다.

　　필자는 재테크에 대해 나름대로 연구를 해왔다. 재테크의 전반적인 사항도 연구를 했지만, 필자는 부동산 전문가이기에 특히 부동산을 통한 재테크에 관심을 가지고 연구했다.

　　4장과 5장에서는 부동산을 통한 노후자금 마련에 관해 차근차근 살펴보기로 한다.

1
노후자금을 형성하는 방법

노후자금과 관련해 인터뷰를 하면 여러 가지 반응이 있다. 그 중에서 가장 많은 반응은, "열심히 살면서 아이들 키우다 보니 지금 간신이 내 집 한 채 있는 것이 전부인데 무슨 노후자금이냐"는 것이다.

물론 필자는 아무것도 없는데 하늘에서 무언가 뚝 떨어지게 할 능력은 없다. 그럼 무슨 능력으로 노후자금에 대해 이야기하느냐고 할 수 있다. 맞다. 모든 사람이 할 수 있는 방안을 이야기할 수는 없다. 단지 평범한 사람이라면 이런 정도로 하면 가능할 수 있지 않을까 하는 것을 이야기하고 싶다.

그럼 노후자금은 얼마나 준비하면 좋을까? 또, 노후자금은 목돈을 가지고 있어야만 하는가에 대해서 생각해 볼 필요가 있다.

필자는 노후자금은 목돈을 어딘가에 넣어놓고 곶감 빼먹듯이 빼먹는 것은 바람직하지 않다고 생각한다. 노후자금은 일정한 금액이 매 기간마다 정기적으로 나오도록 하는 것이 훨씬 바람직하다. 그래야만 노후에 나이가 점점 들더라도 정신적·물질적으로 안정된, 행복한 노후생활을 보낼 수 있다.

노후를 위한 노후자금를 마련하는 방법은 크게 두 가지로 이루어진다. 첫째는 자신의 근로소득을 기반으로 장년기에 축적한 자금이 있을 수 있다. 물론 여기서 근로소득이라 함은 월급쟁이의 소득뿐만 아니라 개인사업자 등이 일을 해서 얻은 소득을 일컫는 말이다. 충분한 노후자금을 만들어 놓은 경우도 있겠지만 많은 부머세대들은 자신의 축적된 자금이 노후자금으로 충분하지 못하다고 생각하고 있다. 그렇게 생각하는 이유들 중 하나는 자녀에 대한 리스크 때문이기도 하다.

본인은 은퇴를 했는데, 사회 전반적으로 결혼적령기가 늦어지면서 자녀들이 아직 미혼인 경우가 있다. 또 자녀들이 사회생활을 시작하지 못해 자녀 부양까지 하는 경우도 종종 볼 수 있다. 자녀의 결혼비용, 자녀의 생활이 안정될 때까지의 부담 등으로 인해 불안한 마음을 갖고 있는 경우를 종종 보게 된다. 약간의 여유가 있더라도 자녀에 대한 리스크가 있는 경우에는 자신의 노후자금에 대해 불안한 마음을 갖게 된다.

둘째는 재테크의 방법으로 노후자금을 마련하는 경우이다. 재테크는 '일을 하거나 상속받은 자산을 재투자하여 더 많은 자산을 만드는 것'이라고 할 수 있다. 현재의 자산을 더 많은 자산으로 만드는 것이다. 물론 은퇴 후에 재테크를 하는 경우도 있지만 은퇴 전부터 미리 재테크를 하는 경우가 대부분이다. 은행에 적금으로 예금하는 것도 재테크의 일종이라고 할 수 있다.

재테크는 크게 금융재테크와 부동산재테크 두 가지 방법이 있다. 필자는 부동산 전문가이기에 부동산재테크를 통한 노후자금 마련에 대해 현실성 있는 언급을 하고자 한다. 재테크의 기본 원리 혹은 원칙을 설명하면서 금융재테크와 부동산재테크의 차이점을 이야기하고자 한다.

이미 늦었다고 생각하는 부머세대가 있다면 그런 생각은 머릿속에서 지워도 좋다. 지금 시작해도 절대 늦지 않다. 희망을 갖고 열심히 하면 노후자금에 문제가 없다고 본다.

2
재테크의 핵심? 의사결정권

　필자는 재테크에 관해 연구하면서 근본적인 고민을 했다. '재테크에 관한 어떤 근본적인 원리가 있지 않을까' 하는 것이다. 많은 서적을 탐독해도 그 원인을 찾기 쉽지 않았다.

　결국 필자는 재테크를 하는 데 있어 아주 중요한 원칙이 있다는 것을 깨달았다. 재테크에서 아주 기본적인 원칙은 바로 '의사결정권'이다. 재테크를 하는 데 있어 좀 더 많은 수익을 올리기 위해 '의사결정권'을 얼마나 많이 가져오느냐는 것이다.

　즉, '의사결정권'을 많이 가져오면 올수록 수익은 커진다는 것이 그 핵심 원리다. 의사결정권이 의미하는 것은 투자에 대한 의사결정을 함에 있어서 투자자의 의사가 얼마나 반영되는가를 의미한다.

　제1금융권의 은행에 10억 원의 예금을 하기 위해 은행창구로 간다고 가정해보자. 은행창구에서 10억 원을 예금하러 왔다고 하면 지점장실로 안내할 것이다. 지점장실에서 지점장은 이런저런 금융상품을 소개하며 가입하라고 권할 것이다. 지점장은 해당 상품의 이자율이 몇%라고 친절히 설명해준다. 고객은 금융상품을 선택하고 잘 부탁한다고 인사하고 차 한 잔 마시고 나온다.

고객은 '의사결정권'에서 얼마나 자신이 가져왔는가? 과정을 살펴보면 제1금융권 중에서 어느 은행을 갈 것인가를 선택한 것이고(그런데 현실적으로 한국의 제1금융권은 은행들 간의 이자율의 차이가 크지 않다), 해당 은행의 예금상품 중에서 하나를 고른 것이다.

제1금융권은 가장 안전한 금융기관이다. 한국에서 제1금융권이 망하리라고 생각하는 사람은 거의 없을 것이다. 실제로 그럴 확률은 거의 없다. 리스크는 거의 없다고 보는 것이 맞다. 그리고 제1금융권에서 판매하는 예금상품의 이자율 또한 비슷하다. 결국 본인이 수익률이 높아지기 위해 행한 '의사결정권'은 거의 없다. 약간의 '의사결정권'을 행사하였으나 수익률에 영향을 줄 수 있는 의사결정권은 거의 행사하지 않았다고 할 수 있다.

의사결정권을 행사하지 않았으니 수익률은 적을 수밖에 없다. 잘못하면 마이너스 수익률이 나올 수도 있다. 물가상승률은 3%대인데 이자율이 2%대라면 마이너스 수익률인 것이다.

재테크를 잘했다는 것은 결과적으로 수익률이 높은 것을 의미한다. 그런데 무조건 수익률만 높아야 하는 것이 아니고 리스크는 상대적으로 적어야만 한다. 앞에서 살펴본 바와 같이 수익률을 높게 하려면 자신이 많은 부분을 책임져야 한다. 즉 의사결정권을 많이 가져와야만 하는 것이다. 타인에게 투자의 책임을 미루지 않고 본인이 의사결정권을 얼마나 많이 가져오느냐가 수익률에 결정적인 영향을 준다.

3
위험회피(Risk Hedge)

투자자 본인이 의사결정권을 많이 가져온다는 것은 위험(Risk)도 본인이 많이 가져온다는 것이다. '하이리스크 하이리턴(High Risk-High Return)'이라는 말이 있다. 위험을 많이 가져와야 수익이 높다는 것을 의미한다.

따라서 재테크의 핵심은 수익률을 높게 가져오면서(의사결정권을 많이 가져오면서) 위험은 적게 가져오는 것이다. 즉 높은 위험을 낮추는 것이다. 이를 위험회피(Risk Hedge)라고 한다. 위험을 얼마나 회피할 수 있느냐가 재테크의 핵심 중의 핵심이라고 할 수 있다.

투자를 하는 데 있어서 위험회피는 어떻게 해야만 가능할까? 아래의 그림을 보고 생각해보자. 요즈음은 여러 가지 요인의 변화로 인해 반드시 아래 그림과 같은 구조로 아파트 개발이 이루어지지는 않는다. 그러나 외환위기 이후에 공급된 많은 아파트는 아래와 같은 사업구조로 공

급이 이루어졌다고 할 수 있다. 아래의 그림을 간단히 설명하면 다음과
같다.

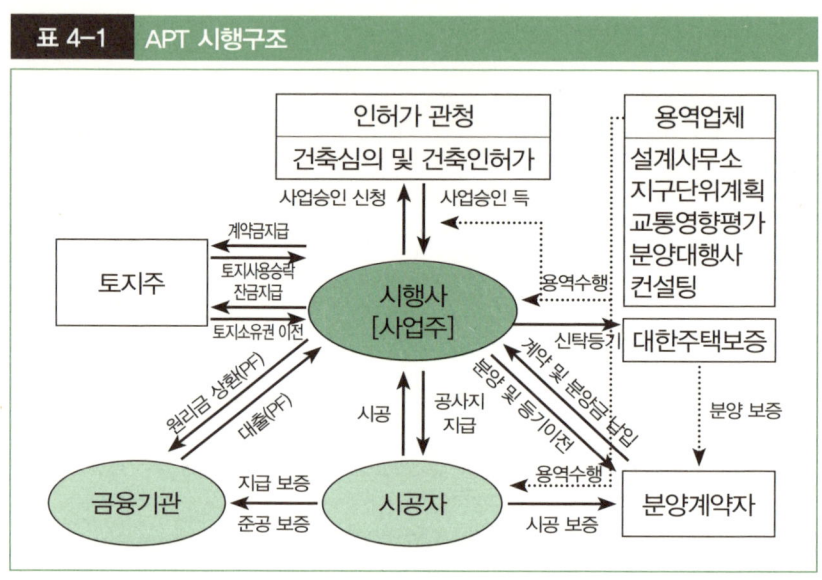

표 4-1   APT 시행구조

외환위기 이전에는, 아파트 개발은 주로 건설회사에서 토지를 매입해
건설회사에서 아파트를 건축해서 분양자에게 공급하는 형태였다. 그런
데 외환위기 이후에는 '시행자'라는 역할을 하는 관계자가 나타났다. 즉,
시행자는 아파트 개발사업의 총 사업주 역할을 하게 된다.

그런데 현실적으로 시행자는 자본력이 아주 취약한 경우가 대부분이
다. 사업을 시행하는 주체의 역할이지만 법적인 책임을 지고 사업 수행
의 전반적인 일을 하는 정도의 일을 한다.

아파트 개발사업을 하기 위해서 시행사는 토지주에게서 토지를 매입

해야만 한다. 시행사 자금으로 토지매입 자금의 10%를 계약금으로 지불하고 토지주와 토지매매 계약을 체결한다. 계약을 하면서 토지사용 승락서도 같이 받는다.

시행사는 용역업체인 설계회사 등에 설계를 의뢰해 아파트를 설계한 후 복잡한 행정 절차를 거쳐 인허가관청으로부터 인허가를 받는다.

시행사는 분양을 하려고 한다. 그러나 인허가관청에서는 아직 토지 등의 소유권을 완전히 획득하지 못했다는 등의 이유로 아파트를 분양하지 못하게 한다(분양은 인허가 관청의 승인을 얻어야만 한다).

결국 시행사는 토지 가격의 90%를 금융을 통해 조달하려고 하지만 금융기관에서는 토지의 소유권도 확보할 수 없고 시행사 또한 자본이 충분하지 않아 시행사의 신용도만으로 필요 자금을 대출할 수 없게 된다.

결국 방법이 나타나는데, 자본력와 신용도가 높은 대규모 시공자(건설회사)가 대출에 대한 지급 보증을 하면, 은행이 시행사에게 대출을 해주는 것이다. 이와 같이 대출해주는 것을 일반적으로 PF(Project Financing)라고 한다(엄격한 의미의 PF라고 할 수는 없다).

이 사업에는 이해당사자가 셋이 있다. 토지주는 이미 토지를 완전히 매매했으므로 이해당사자가 아니고, 이 사업과 관련된 직접적인 이해당사자는 시행사, 금융기관(은행 등), 시공사 세 곳이다.

그러면 이 사업의 결과로 명목상이 아닌 실제 수익이 발생했을 경우 실제 수익 중 가장 많은 수익 부분을 가져가는 이해당사자는 셋 중 누구일까?

결론을 말한다면 시공사이다. 그 이유는 반대로 생각해보면 안다. 사업은(특히 개발사업은) 수익을 발생시킬 수도 있으나 손해를 발생시킬 수도 있다. 앞의 질문은 수익을 발생시켰을 경우에 대한 것이었는데 만약 손해가 발생했다면 가장 많이 손해를 보는 이해당사자는 누구일까?

바로 시공사이다. 시행사라고 말하는 사람이 있을 수 있다. 하지만 시행사는 일반적으로(모든 시행사는 아님) 자본력이 약하기 때문에 대규모 개발사업에 투자할 수 있는 자본이 많지 않아 투자한 금액을 모두 손실한다고 하더라도 전체 사업에서의 손실에 비하면 규모가 작다.

결국 은행에 지급 보증을 한 시공사는 토지비 대출에 대한 지급 의무도 해야 하고, 아파트의 건축도 자사의 자금을 투여해 완성(시공사는 금융기관에 준공 보증도 한다)해야만 한다. 사업비의 대부분을 시공사가 책임진다고 할 수 있다. 따라서 이익의 가장 많은 부분은 시공사가 가져간다고 할 수 있다. 위험을 많이 가져간 만큼 수익도 많이 가져가는 것이다.

그런데 여기서 살펴볼 사항이 있다. 일반적으로 금융기관은 해당 사업에 관한 자금 관리의 업무 체결도 같이 한다. 따라서 금융기관은 해당 사업에 관한 수익과 관련한 자세한 자료를 갖고 있다. 그런데 의문되는 점이 하나 있다. 금융기관의 입장에서 생각한다면 시공사에게 지급 보증을 받지 않고 시공사를 공개경쟁입찰로 선정하여 사업을 진행한다면 시공사에게는 순수한 공사비만 지급하면 된다. 특히 경쟁입찰을 통해 공사도급계약을 한다면 공사비는 더욱더 저렴해질 것이다. 그렇게 한다면 본 사업에서 얻어지는 이익의 대부분을 금융기관이 가져갈 수 있는 것이 아닌가?

그렇다면 왜 시공사가 대부분의 이익을 가져가는 것일까? 요즘(과거에는 반대일 경우도 있었음) 객관적으로 이야기한다면 금융기관에서 근무하는 직원들의 대체적인 보수는 건설회사에 근무하는 직원들의 대체적인 보수보다 더 많다고 할 수 있다. 그렇다면, 반드시 그런 것은 아니지만 객관적으로, 금융기관 직원들의 능력이 건설회사 직원들보다 적다고 볼 수는 없다. 그럼에도 불구하고 수익의 대부분을 건설회사가 가져간다. 도대체 그 원인은 무엇인가?

그 이유를 살펴보면 다음과 같다. 건설회사는 주택을 건축해 분양하는 것이 주된 업무 중의 하나라고 할 수 있다. 따라서 건설회사는 경험과 분석에 의해 해당 부지에 아파트를 건설하면 잘 분양될 것인지에 대한 여부를 금융기관보다 더 잘 안다고 할 수 있다. 그래서 사업을 진행하는 것이다.

그런데 금융기관은 예금하고 대출하고 회수하는 것이 주된 업무다. 아파트 개발사업에 대해서는 많이 알지 못한다. 따라서 해당 아파트 개발사업의 분양률을 예측할 수 없다. 건설회사는 아파트의 미분양률이 10%밖에 안 될 거라는 것을 알고 있지만 금융기관은 90%가 분양이 안 될 것이라고 예측할 수 있다.

근본 원인은 무엇 때문인가? 한마디로 이야기한다면 '안다!' 와 '모른다!'의 차이다. 건설회사는 아파트 개발사업에 대해 많이 알고 있으므로 미분양률이 10%라는 것을 알고 있는 반면, 금융기관은 아파트 개발사업에 대해 많이 알고 있지 못하므로 90%가 미분양될 것이라고 예측한다. 결국 미분양률을 위험이라고 한다면 건설회사가 위험률을 90%에서 10%로 끌어내릴 수 있는 것은 아파트 개발사업에 대해 많이 알기 때문이다.

위험을 회피하려면 어떻게 해야 하는가?

결론은 "알아야 한다!"

그래야만 의사결정권을 많이 가져올 수 있다.

4

금융 vs 부동산재테크

의사결정권을 모두 가져올 수 있는 재테크에는 무엇이 있을까? 앞에서 언급한 바와 같이 금융과 부동산이 재테크의 대상이다. 금융은 많이 있는데, 대표적인 상품이 예·적금, 보험, 연금, 채권, 펀드, 주식 등이다.

그럼 금융과 부동산 중에서 어떤 것이 좋은지 살펴보자.

금융 중에서 의사결정권을 가장 많이 가져오는 상품은 무엇일까? '주식'이라고 할 수 있다. 주식은 의사결정권을 모두 자신이 가져오는 재테크 상품이다.

예를 들어 증권회사 매장에서 증권회사 직원의 권유에 의해 주식을 매입했다고 가정하자. 그렇게 시작한 주식 투자가 결국 깡통주식이 되었다고 하면 그 책임은 누구에게 있을까? 해당 종목을 추천한 증권회사의 직원에게는 가서 화풀이를 한번 할 수는 있을 것이다. 그러나 그것으로 끝이다. 투자 실패에 대한 모든 책임은 투자자 본인의 몫이다.

위험을 회피하는 방법은 '알아야 한다!'고 했다. 주식에 투자하려면 주식에 대해 잘 알아야 위험을 회피할 수 있다. 주식에 대해 생각해보자. 주식은 무엇인가? 주식은 회사 그 자체라고 할 수 있다. 주식을 알기 위해서는 회사를 알아야만 한다.

개인투자자(일반적으로 '개미투자자'라고 말한다)는 회사를 잘 알 수 있을까? 개인투자자는 회사에 대한 정보에 쉽게 접근하기 힘들다. 물론 회사에서 공식적으로 발표하는 자료를 바탕으로 회사에 대한 분석이 가능하다지만 주식은 미래의 가치를 미리 보여주는 것이기에 이것으로만은 턱도 없이 부족하다. 또한 개인투자자는 전문성이 부족해 분석력에 한계가 있을 수밖에 없다.

그러면 주식은 누가 투자하는가? 당연히 '기관투자자'라고 할 수 있다. 회사에서는 회사의 가치를 유지 혹은 향상시키기 위해 기관투자자에게 회사의 주요 정보를 제공한다. 또한 기관은 회사를 분석하는 전문 인력의 전문화된 분석에 의하고, 포트폴리오에 의한 투자를 하기 때문에 개인투자자에 비해 실패 확률이 적다.

세계에서 가장 주식투자를 잘 한다고 하는 워렌버핏의 첫 한국 방문은 자신의 전용비행기로 포항 공항에 온 것이었다. 그리고는 약 네 시간 머물다가 중국으로 다시 출국했다. 그러면 워렌버핏은 네 시간 동안 포항에서 무엇을 했을까?

증거는 없지만 그가 무엇을 했는지는 충분히 예상할 수 있다. 포스코에서 그를 초대한 것이었고, 포스코 자사의 투자 설명을 들었을 것이다. 워렌버핏은 가만히 있어도 모셔다가 자사 정보를 제공한다. 그러나 개인이 회사에 찾아간다면 고급 정보를 접할 수 있을까? 불가능이라고 하는 것이 맞을 것이다. 결국 근본적으로 개인은 주식에 투자해 성공하기 힘든 구조라고 할 수 있다.

다음은 부동산재테크에 대해 살펴보자.

몇 년 전 기획부동산이 활개를 치던 때가 있었다. 기획부동산에서 권하는 부동산에 투자해서 실패한 사례가 아주 많았다. 아무것도 이용할 수 없는 토지를 무슨 개발호재가 있는 것처럼 속여 투자하게 한 경우가 대부분이었다. 이 경우, 이미 거래가 완료돼 투자자가 속은 것이 확인되면 투자자는 소개해 준 사람에게 가서 화풀이를 할 수는 있다. 그러나 투자자가 할 수 있는 것은 거기까지다. 모든 금전적인 손해는 투자자의 몫이다. 이런 측면에서 부동산재테크에 있어 의사결정권은 모두 투자자가 가져오는 것이다.

앞에서 살펴본 바와 같이 부동산재테크에 성공하려면 부동산에 대해 잘 알아야 한다. 서울의 어떤 지역에 위치한 다세대주택에 대한 투자를 한다고 가정해보자.

투자 대상 주택 근처에 위치한 공인중개사와 세계적인 주식투자가인

워렌버핏 중에서 누가 해당 주택에 대해 더 잘 알까? 공인중개사와 워렌버핏 중에서 누가 해당 주택에 대한 투자에서 더 많은 수익을 낼 것인가? 생각할 필요도 없이 근처의 공인중개사가 더 많은 수익을 낼 것이다.

왜 그럴까? 부동산학적으로 보면, 부동산의 특성 중에 '부동성(不動性)'이란 게 있다. 즉, '부동산은 움직이지 않는다'는 것이다. '부동성'의 특성으로 인해 부동산시장은 '국지화(局地化)'된다. 서울 강남의 아파트 가격이 상승한다고 뉴욕 맨해튼 아파트의 가격이 동시에 상승하지 않는다. 부동산은 일정한 지역시장에 대해서 잘 알면 된다. 부동산은 전 세계, 아니 우리나라의 모든 부동산을 아주 잘 알아야 할 필요는 없다(그러나 필자의 연구논문에 의하면 글로벌 경제의 영향은 얼마든지 받을 수 있다). 한 지역이나 한 종류의 부동산에 대해 잘 알면 된다.

또한 부동산의 90% 이상은 기관에서 투자하기 힘든 규모다. 개인만이 투자할 수 있는 부동산이 대부분이다.

개인이 투자하는 대상을 '주식'과 '부동산'중에서 선택하라면 필자는 부동산을 선택하라고 권하고 싶다. 부동산재테크를 성공하려면 결국 부동산을 공부해야만 한다. 그러면 부동산에 대해 도대체 무슨 공부를 해야 하나?

5
국민연금에 대한 옳은 이해

대개 정권이 바뀌면 국민연금에 대해 이런저런 말들이 많다. 국민연금은 2060년에 모두 고갈된다고 한다. '그럼 내가 납부한 국민연금을 나는 탈 수 없는 것 아닌가?' 하는 의구심을 가질 수 있다. 국민연금에 대한 정확한 이해가 조금 부족한 것 같아 개념 설명을 간단히 하고자 한다.

민간금융기관에서 모집하는 민간연금은 소비자가 금융기관에 연금보험료를 납부하면 금융기관이 그 자금을 잘 운용하여 금융기관의 수수료와 이익을 공제하고 나머지 약정된 금액을 소비자에게 일정 기간 동안 지급하는 것이다. 소비자가 납부한 자금을 금융기관이 각종 금융기법을 이용해 수익을 올려 소비자에게 연금으로 지급하는 것이다. 즉 민간연금은 자신의 돈을 받는 것이다. 그래서 많은 금액을 납부하면 그에 상응하는 많은 금액의 연금을 받을 수 있다.

그런데 국민연금은 민간연금의 개념과 다르다. 국민연금은 부조(扶助)의 개념으로 만들어진 복지의 한 수단이다. 국민연금은 자신이 납부한 돈을 국가가 잘 운용해 나에게 주는 개념이 아니다. 국민연금은 현재 소득이 있는 세대가 연금을 납부해 노후세대에게 연금의 형태로 주는 것이다. 즉, 기성세대가 노후세대를 위해 돈을 내고, 기성세대가 노후세대가 되면 또 다른 후손인 기성세대가 노후세대를 위해 돈을 내는 것이 국민연금이다.

국민연금은 2013년 5월 말 기준 약 410조 원 규모이다. 2013년 3월 보건복지부에서 발표한 자료에 따르면 국민연금은 2043년까지 2,561조 원(경상가 기준)까지 많아지게 된다. 그러다가 2044년 이후 점차적으로 고갈되기 시작하여 2060년이 되면 적립된 기금은 고갈될 것으로 예상된다. 일반 연구자 중에서는 이보다 훨씬 더 빨리 고갈될 것이라고 분석하기도 했으나 정부의 예측은 고갈 시점이 2060년이라고 한다.

그러면 2060년부터 연금을 수령할 연금수령자들은 어떻게 되는 것인가? 자신은 평생 연금을 납부했는데 연금을 못 받는다는 이야기인가?

만약 국민연금이 민간연금과 같은 개념이라면 이와 같은 논리가 맞다. 그러나 국민연금은 부조(扶助)에 기반한 복지 차원의 연금이기 때문에 연금을 받지 못하는 경우는 발생하지 않을 것이다. 그 당시의 기성세대가 보험료를 납부해 노후세대에게 지급하는 것이다. 국민연금이 고갈되어도 못 받을 이유는 없다.

그런데 국민연금을 초창기에 정착시키기 위해, 국민이 납부하는 돈의 규모에 비해 너무 많은 액수의 연금을 지급했고 또 지금도 지급하고 있다. 그러니 후세대가 그 부담을 떠안을 수밖에 없다. 결국 후세대는 연금은 더 많이 납부하고 적게 탈 수밖에 없는 구조이다.

부머세대만을 언급한다면(부머세대도 연령별로 다르겠지만) 자신이 납부한 금액 이상은 수령할 수 있다. 물론 매 5년마다 조정되는 국민연금의 구조에 따라서 달라질 수 있다.

이왕 말이 나왔으니 국민연금의 문제점 및 개선에 관해 조금 언급하고자 한다.

국민연금은 복지 차원에서 국가에서 시행하는 것이므로, 복지 혜택을 필요로 하는 계층에 한해 시행했으면 한다. 국가에서 국민들로부터 연금을 받아 수익을 올려 노후에 연금을 지급한다는 것은 비효율적이기 때문이다. 국민연금을 주관하는 주체는 국가인데 이를 운용하는 공무원(혹은 준공무원)들은 민간에 비해 일반적으로 비효율적이다.

민간은 투자에 대한 책임을 져야 하고 또한 수익률도 높아야만 경쟁이 된다. 자신의 모든 것을 다 바쳐서 열심히 할 수밖에 없는 조직이다. 그러나 공조직은 신분이 보장되어 있고 투자에 대해 수익률이 조금 낮더라도 자신의 신분에 영향이 없기 때문에 민간에 비해 치열하게 일을 할 수 없는 성격이 있다. 장기적으로 볼 때 공공이 민간에 비해 수익률을 더 많이 올릴 수 없다고 필자는 생각한다.

필자는 우리사회에서 도움이 꼭 필요한 사람들을 대상으로 국가에서 연금을 지급하는 것이 바람직하다고 생각한다. 국민연금을 통해 모든 국민이 연금 수혜를 받게 하는 것보다는 따뜻한 손길이 필요한 세대에게 도움을 주는 국민연금이 되었으면 한다.

  국민연금은 앞에서 살펴본 바와 같이 2043년 2,561조 원까지 축적되었다가 2060년도에 모두 소멸될 예정이다. 이는 연금을 지급하기 위해 17년간 2,561조 원이라는 엄청난 돈을 시중에 푸는 것이다. 주로 주식과 채권 등에 투자되어 있다. 17년 동안 2,561조 원을 회수한다면 우리나라 경제에 심각한 영향을 줄 수 있다. 이에 대비한 철저한 대책이 강구되어야 한다.

6

눈여겨볼 만한 주택연금[5]

노후에 '나의 집 한 채'는 매우 중요하다. 한국처럼 공적 복지시스템이 비교적 완벽히 갖추어지지 않은 상태에서 나의 집 한 채의 의미는 아주 크다고 할 수 있다.

일반적으로 사회생활을 시작하고 은퇴 시까지 한 군데에서만 직장생활을 하는 사람은 그리 많지 않다. 대개 40대 후반에서 50대에 한 번 정도 직장(혹은 직업)을 바꾸는 경우를 본다. 본의에 의해서든 타의에 의해서든 간에 직장에서 퇴직을 할 때의 막막함은 크다고 할 수 있다. 이때 가장 든든한 버팀목이 있다면 역시 내 집 한 채이다.

내 집 한 채가 새로운 직업을 찾을 때까지 재원의 바탕이 될 수도 있고, 혹시 자영업을 한다면 담보권을 설정할 수 있는 중요한 자산이 된다. 그

---

5) 주택금융공사(www.hf.go.kr) 자료를 참조하여 필자가 재구성하였음.

리고 내 집 한 채는 은퇴 후 노후에 안정적으로 생활비를 받을 수 있는 주택연금의 자산이 된다.

노후자금은 일정한 자금을 가지고 있는 것보다는 매월 꾸준한 생활비가 나오는 것이 훨씬 더 안정적이다. 그런 방식의 노후자금으로는 기존 금융기관에서 취급하는 민간연금과 정부에서 강제적으로 시행하는 국민연금이 있다.

민간금융기관에서 취급하는 연금상품은 근본적으로 자신이 예금한 예금액을 바탕으로 금융기관에서 자신들의 일정한 이익을 공제하고 나머지 금액을 투자해 발생한 이익을 합해서 일정 기간 동안 일정액을 정기적으로 소비자에게 지불하는 것이다. 필자는 이와 관련한 전문가가 아니기에 민간연금상품에 대한 추천을 유보하고자 한다. 다만 독자들은 나름대로의 객관적 시각으로 신중하게 선택하기 바란다.

부동산을 통한 안정적인 노후자금 중에서 중요한 것이 주택연금이라고 할 수 있다. 그럼 주택연금이 무엇인지 살펴보자.

주택연금은 만60세 이상의 고령자가 자신이 소유한 주택을 담보로 맡기고 매월 평생 동안 연금 방식으로 노후생활자금을 지급받는 것이다. 국가가 보증하는 금융상품(역모기지론)이다.

나중에 부부가 모두 사망한 후 주택을 정산하면 되고, 연금 수령액 등이 집값을 초과해도 상속인에게 청구하지 않으며, 반대로 집값이 남으면 상속인에게 돌아간다.

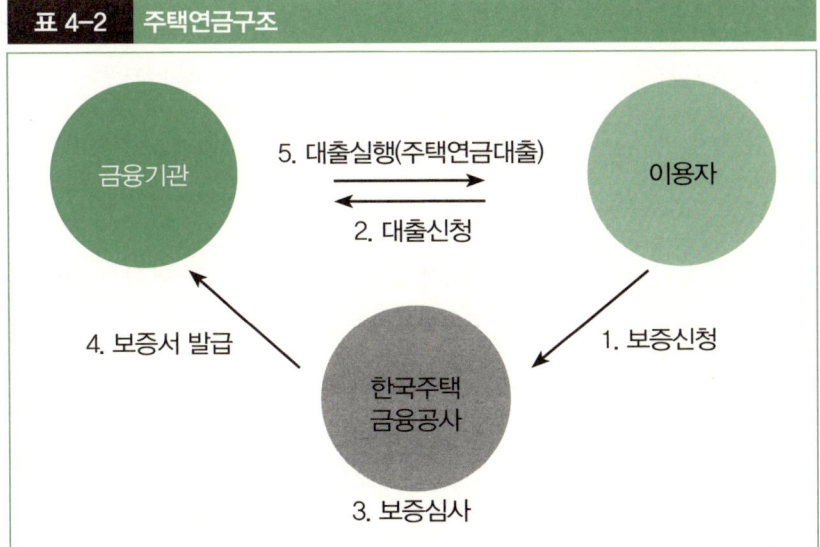

표 4-2	주택연금구조

5. 대출실행(주택연금대출)

2. 대출신청

금융기관

이용자

4. 보증서 발급

1. 보증신청

한국주택
금융공사

3. 보증심사

주택연금의 가입 가능 연령은 주택 소유자가 만 60세 이상이어야 한다. 그런데 부부가 공동으로 주택 소유 시 연장자가 만 60세 이상이면 주택연금에 가입할 수 있다. 부부 기준으로 1주택만을 소유해야만[6] 가능하다.

....

6) 1주택으로 보지 않는 주택이 있다. ① 도시지역이 아닌 지역 또는 수도권에 소재하지 않는 면의 행정구역에 건축되어 있는 주택으로서 사용 승인 후 20년 이상 경과된 주택이나, 85제곱미터 이하의 단독주택, 그리고 소유자의 「가족관계의 등록 등에 관한 법률」에 따른 최초 등록 기준지에 건축되어 있는 주택으로서 직계존속 또는 배우자로부터 상속 등으로 이전 받은 단독주택은 1주택으로 보지 않는다. ② 문화재로 지정된 주택과 ③ 20제곱미터 이하의 주택(아파트는 제외한다)은 1주택으로 보지 않는다. 그리고 지분으로 소유하고 있는 주택, 복합용도 주택, 임대사업자가 임대를 목적으로 보유한 주택은 보유주택수에 포함하며, 아파트분양권, 재건축 및 재개발 조합원의 입주권은 1주택으로 보지 않는다. 단, 공동상속주택의 경우 지분이 가장 큰 상속인이 소유한 것으로 보며, 부부 공동소유 주택은 각 지분에 관계없이 1주택으로 본다. 주택연금을 받을 수 있는 대상주택은 시가 9억 원 이하의 주택 및 지방자치단체에 신고된 노인복지주택이다.

주택연금의 장점을 살펴보자.

첫째, 주택연금은 평생 동안 가입자 및 배우자 모두에게 거주와 연금 지급을 보장한다. 즉 자신의 주택에서 평생 살면서 연금을 받는다는 것이다.

둘째, 국가가 연금 지급을 보증하므로 연금 지급 중단 위험이 없다고 할 수 있다. 대한민국이 부도나기 전에는 주택연금은 받을 수 있다는 것이다.

셋째, 근본적으로 주택연금은 자신의 주택을 담보로 대출을 받는 구조이다. 따라서 주택금융은 대출금리가 낮은 게 좋은데 주택금융의 적용금리는 일반주택담보대출금리보다 낮은 금리를 적용한다.(3개월 CD 금리 + 1.1%)

넷째, 세제 혜택이 있다. 구체적으로 살펴보면 저당권 설정 시 등록세, 지방교육세, 농어촌특별세, 국민주택채권매입의무가 면제된다. 주택연금 대상 주택은 재산세가 25% 감면 (단, 5억 원 초과주택은 5억 원에 해당하는 만큼 감면, 본세에 한함)되며, 이자 비용은 연금소득공제(200만원 한도) 대상이다.

다섯째, 부부 모두 사망 시 또는 원하는 때에 정산이 가능하다. 주택연금은 언제든지 별도의 중도상환수수료 없이 전액 또는 일부 정산이 가능하다(다만 초기보증료는 환급되지 않음). 즉 중간에 받았던 연금을 모두 상환하면 계약을 해지할 수 있다.

주택연금의 월지급금 지급 방식은 종신지급 방식과 종신혼합 방식이 있다.

종신지급 방식은 수시인출한도 설정 없이 월지급금을 지급받는 방식이고, 종신혼합 방식은 수시인출한도 설정 후 나머지 부분을 월지급금으로 지급받는 방식이다. 인출한도는 의료비, 교육비, 주택수선유지비 및 주택담보대출 상환 용도나 담보주택에 대한 임대차보증금 반환 용도 등이 있는데 연금지급한도의 50%이내에서 수시로 지급받을 수 있도록 미리 설정한 금액이다. 당연히 인출한도 설정을 하면 설정한 만큼 월지급금이 적어진다.

월지급금 지급유형은 정액형, 정률증가형, 정률감소형, 전후후박형 네 가지가 있다.

정액형은 월지급금을 평생 동안 일정한 금액으로 고정하는 방식이고, 정률증가형은 처음에 적게 받다가 12개월마다 3%씩 증가하는 방식이다. 그리고 정률감소형은 처음에 많이 받다가 12개월마다 3%씩 감소하는 방식이고, 전후후박형은 초기 10년간은 정액형보다 많이 받다가 11년째부터는 초기 월지급금의 70% 수준으로 받는 방식을 말한다.

이용 기간 중 지급 방식(종신지급, 종신혼합) 간의 변경은 가능하지만 월지급금 지급 유형(정액형, 정률증가형, 정률감소형, 전후후박형) 간 변경은 불가능하다.

표 4-3	주택연금 지급 예(종신지급방식, 정액형, 2013년 8월 1일 기준)								
주택가격	1억원	2억원	3억원	4억원	5억원	6억원	7억원	8억원	9억원
50세	164	329	494	659	824	989	1,154	1,319	1,484
55세	194	388	582	776	970	1,164	1,358	1,552	1,746
60세	230	461	691	922	1,153	1,383	1,614	1,845	2,075
65세	276	552	828	1,105	1,381	1,657	1,934	2,210	2,486
70세	335	671	1,006	1,342	1,677	2,013	2,348	2,684	3,006
75세	414	828	1,242	1,656	2,071	2,485	2,899	3,210	3,210
80세	523	1,046	1,569	2,093	2,616	3,139	3,530	3,530	3,530

주택연금의 가입비(초기보증료)는 주택가격의 2%를 최초 연금 지급일에 납부해야 하고, 연 보증료를 보증잔액의 연 0.5%를 매월 나누어 납부하면 된다.

보증료는 취급 금융기관이 가입자 부담으로 공사에 납부하고 대출 잔액에 가산된다. 보증 기한(종신)은 소유자 및 배우자 사망시까지이다.

담보권은 1순위 근저당권 제공해야 하고, 제3자(자녀, 형제 등) 소유 주택을 담보로 하는 주택연금은 이용이 불가능하다. 보증금액의 120%로 저당권 설정한다.

본인 사망(배우자가 6개월 이내에 소유권 이전등기 및 채무인수를 마치면 지급정지 해제)하거나, 담보주택 소유권 상실(화재로 인한 주택 소실, 재건축·재개발 등으로 인한 주택 소유권 상실 등 포함)되거나, 1년 이상 담보주택에서 미거주하면 주택연금의 지급이 정지된다.

주택연금 이용 중 이사로 거주지를 이전하는 경우, 담보주택을 변경하여 주택연금을 계속 이용할 수 있다. 다만, 이사하려는 주택가격(평가액)에 따라 월지급금이 달라지거나 정산해야 한다. 기존 보증 계약을 유지하면서 일반주택과 노인복지주택 간의 담보주택변경(이사)은 허용되지 않는다.

표 4-4	주택연금 취급절차

STEP 01 상담 / 신청	STEP 02 심사	STEP 03 보증약정/ 담보설정	STEP 04 보증서 발급
〉주택연금 설영사항 확인 〉신청서 및 필요서류 제출	〉이용자 요건심사 〉현장방문조사 〉담보주택 가격평가 등	〉약정서 작성 〉근저당권 설정	〉보증서 발급(온라인) 〉은행방문

Part 5

부동산재테크를 통한
노후자금 핵심

1
부동산 공부의 핵심은?

앞의 4장에서 재테크를 잘하기 위해서는 '의사결정권'을 자신이 많이 가져와야 한다고 말했다. 의사결정권을 많이 가져오기 위해서는 위험을 회피할 수 있어야 하는데, 이를 위해서는 많이 '알아야 한다'고 했다. 그러면 부동산에 투자하기 위해서는 부동산에 대해 많이 알아야 한다. 그럼 부동산에 대해 도대체 무엇을 많이 알아야 할까?

부동산을 통해 재테크를 하는 방법은 크게 두 가지가 있다. 즉, 양도수익과 임대수익을 통한 부동산재테크이다.

양도수익은 부동산을 저렴하게 매수했다가 비싸게 매도해 그 차액의 이익을 얻는 것을 의미한다. 임대수익은 부동산을 매입해 매월 정기적으로 나오는 임대료를 바탕으로 수익을 얻는 것이다.

양도수익용 부동산을 통해 수익을 많이 올리는 방법은 저렴하게 매입해서 비싸게 파는 것이다. 임대수익용 부동산도 저렴하게 매입해야 수익률이 높으며 매도하는 시점에 가격이 비싸야만 그 사이에 임대수익을 많이 올릴 수 있다. 따라서 부동산재테크의 핵심은 저렴하게 매입해 비싸게 매도하는 것이다.

그럼 하나하나 구분해서 살펴보자. 우선 부동산을 저렴하게 매입하는 것에 대해 살펴보자.

필자가 강의를 하면서 흔히 "부동산을 어떻게 하면 저렴하게 매입 가능하냐?"고 질문을 하면 대개 이런 대답이 나온다. 첫 번째는 경매를 통하면 저렴하게 매입할 수 있고, 둘째는 급매물을 매입하면 저렴하게 매입할 수 있다고 한다.

정말로 그런지 살펴보자. 경매를 통한 매입에 관해 살펴보자.

경매로 인한 낙찰가격은 부동산의 종류에 따라서 그 편차가 큰데 주거용 부동산의 경우에는 대개 감정가격의 70%~90% 수준에서 낙찰된다. 물론 감정가격이 완전한 시장가격을 반영하지 못한다고 하더라도 확실히 시중거래가격보다 저렴한 가격임에 틀림없다.

그런데 정말로 저렴한 가격인가는 생각해 볼 필요가 있다. 법원의 경매법정에 가보면 대한민국 국민이면 누구든지 자신이 원하는 물건에 자신이 원하는 가격을 적어낼 수 있다. 결국 응찰한 사람들 중에서 가장 많은 금액을 제시한 사람이 낙찰 받는다. 즉, 경매는 우리나라의 모든 사람이 자유롭게 참여해 가장 높은 가격으로 결정된다. 이는 가장 정직한 시장가격이라는 말도 된다. 따라서 경매로 매입한 부동산은 경매시장에서 형성된 시장가격으로 매입한 것이다. 결코 저렴하게 매입한 것이 아니다.

그럼 왜 경매부동산은 감정가격 대비 저렴하게 거래될까? 그 이유는 몇 가지가 있다.

첫 번째, 누구나 경매에 참여할 수 있으나 실질적으로는 참여하기 힘든 측면이 있다. 경매는 부실채권의 결과로 나온 매도물건이기에 권리분석을 완벽하게 할 줄 알아야 참여가 가능하다. 권리분석을 완벽하게 하기 위해서는 단순히 인터넷을 대충 검색해서 해결될 문제가 아니다. 제대로 된 권리분석 공부를 해야만 참여가 가능하다.

둘째, 경매물건에 대한 명도는 낙찰자의 몫이다. 경우에 따라서 명도 과정 중에 많은 리스크가 발생할 수 있다. 경매에 참여하고 싶어도 못한다고 하는 많은 사람들의 의견을 들어보면 살고 있는 사람을 내쫓는 것이 너무 가슴 아픈 일이라 못한다는 것이다. 명도에 관한 리스크는 배당표의 작성과 권리분석 등으로 미리 어려움을 가늠할 수 있다.

명도에 어려움을 겪을 것으로 예상되는 경우에는 리스크가 따른다. 물론 대부분의 명도는 강제명도를 하지 않고 대화와 타협으로 이루어진다. 그러나 경매를 하는 입장에서는 명도에 따른 리스크를 감안해야만 한다.

셋째, 경매는 법원에서 지정하는 날까지 대금을 모두 완납해야 한다. 물론 완납이 본인만의 자금으로만 이루어지지 않고 금융기관의 대출 등을 통해 납부할 수도 있다. 본인이 모든 자금을 마련한 후에 경매에 참여해야 한다.

일반적인 거래보다는 경매에 의한 거래가 위와 같은 위험이 있기에 그만큼 적은 액수로 낙찰 받는 것이다. 따라서 경매에 의해 저렴하게 낙찰 받는 것은 리스크에 대한 대가의 성격이라고 할 수 있다.

급매로 매입하면 저렴하게 매입할 수 있다고 한다.

실질적으로 급매로 매입하면 실거래가격의 5~10% 저렴하게 매입한다. 급매는 매도자가 급전이 필요해 시중거래가격보다 저렴하게 매도하는 것을 말한다. 특히 급매의 특징이라고 하면 계약에서 잔금 지급까지의 기간이 아주 짧다는 것이다. 일반적으로 일주일을 넘기지 않는다.

그러면 급매로 매입하기 위해서는 매수자는 매입을 위한 자금을 모두 언제든지 인출 가능하게 현금화해 놓아야 한다. 언제든지 인출할 수 있도록 현금화해 놓으면 자연스럽게 그 사이의 기회비용이 상실된다.

즉, 급매는 이러한 기회비용의 상실에 대한 대가로 보는 것이 타당하다. 즉 기회비용의 상실이 급매로 인한 가격 하락의 결과이다. 결과적으로 급매로 인한 매입도 저렴하게 매입한 것은 아니라는 것이다.

가끔 중개사무소에서 급매물건이 있다고 한다. 평소의 거래가격보다 저렴하게 매도하는 물건이라고 하는 경우다. 그러면서 일반거래와 모든 조건이 비슷한 경우를 보는 경우가 있다. 이 경우에는 말은 급매라고 하지만 냉정하게 평가한다면 그것이 시장가격이라고 할 수 있다. 시장가격의 형성 과정이라고 할 수 있다. 따라서 저렴하게 샀다기보다는 그 자체가 시장가격이라고 하는 것이 바른 평가일 것이다.

그러면 정말로 부동산을 저렴하게 사는 방법은 하나도 없을까?

딱 한 가지가 있다. 청약을 통한 주택의 구입이다. 모든 청약을 통한 주택의 매입을 의미하지는 않는다. 제반 여건이 아주 우수한 지역에서 청약을 통해 높은 경쟁률에 의해 분양된 주택은 시세에 비해서 저렴할 수 있다. 이는 국가에서 서민들을 위해 저렴하게 분양받게 만든 제도 때문이라고 할 수 있다. 물론 이에 대한 정당성의 문제는 있지만 결과적으로 국가에서 개입한 청약을 통한 주택 분양의 경우에는 시세보다 저렴할 수 있는 것이다.

결과적으로 부동산을 저렴하게 매입할 수는 없다. 왜냐하면 본인이 저렴하게 부동산을 매도할 의사가 없기 때문이다.

부동산을 저렴하게 매입할 수 없다면 부동산을 통해 재테크하는 방법은 무엇이 있을까? 부동산을 비싸게 매도하는 방법밖에 없다. 정상적인 가격으로 부동산을 매입했더라도 비싸게 부동산을 매도한다면 수익을 올릴 수 있는 것이다.

그런데 매도하는 것은 매입할 때보다 시기적으로 늦다. 매입할 당시에는 매도할 때 올라갈지 내려갈지 모른다. 단지 예측해야만 한다. 다행히 가격이 올라간다면 수익이 발생하지만 내려간다면 손해를 보게 된다.

부동산을 통한 재테크를 하려면 부동산에 대해 많이 알아야 한다. 알아야 하는 핵심은 무엇인가?

바로 '부동산의 미래가치'다.

'부동산의 미래가치.' 이것이 부동산 공부의 핵심이다. 그런데 부동산
의 미래가치를 아는 것은 쉽지 않다. 많은 공부를 꾸준히 해야 하며 많
은 정보를 접해야 하며 자신만의 데이터를 꾸준히 축적해야 한다. 부동
산 공부를 하면서 항상 기억하자. 부동산의 '미래가치'에 미치는 영향에
대해 공부하자.

주택시장 패러다임의 변화

부동산투자의 패러다임이 변하고 있다. 2008년 글로벌 금융위기가 패러다임 변화의 기점이라고 할 수 있다. 부동산 투자의 변화는 어떻게 되는가?

결론부터 말하면 부동산투자는 양도수익 위주에서 임대수익 위주의 투자로 변화하고 있다. 즉, 전세시장이 소멸되고 월세시장이 활성화되어가고 있다.

우리 주택시장의 대변화이다. 이런 변화는 우리나라 주택시장 자체를 흔들고 있다. 도도히 흐르는 변화를 우리는 간파하고 있어야 한다. 왜 이런 현상이 나타났는지에 대해 이해할 필요가 있다. 차근차근 살펴보자.

3
전세와 월세

2008년 이전에도 가끔 그랬지만 2008년 글로벌 금융위기 이후에는 전세대란이라는 용어가 일상용어가 되어가고 있다. 전세가격이 너무 올라 서민들이 고통 받고 있다고 난리다. 실제로 전세가격이 많이 올랐다. 결국 정부에 화풀이를 해댄다. 정부도 전세가격 상승으로 인해 떨어지는 지지율을 어떻게든 막아보고자 이런 저런 묘안을 만드느라 난리다.

1. 전세의 원리

그러면 전세대란(?)은 왜 일어나는가? 그 본질은 무엇인가?

독자들도 잘 알다시피 전세제도는 우리나라에만 있는 독특한 주택임대제도이다. 이는 정부에서 유도해 발생한 제도가 아니고 시장에서 서로의 필요성에 의해 발생한 제도라고 할 수 있다. 즉, 자유시장경제의 결과물이다.

전세제도의 이해당사자는 주택 소유자와 세입자라고 할 수 있다. 주택 소유자와 세입자의 이해관계가 맞아떨어져 전세라는 제도가 발생하고 유지되고 있다. 그럼 이해당사자인 소유자와 세입자의 입장에서 살펴보자.

주택 소유자의 입장에서 이해득실을 살펴보자.

주택 소유자는 주택을 소유하여 전세로 임대한 결과 자신에게 이익이 있어야만 전세를 준다. 주택 소유자가 집 없는 서민들을 위해 봉사하는 마음으로 전세를 주는 사람은 거의 없을 것이다. 아니 거의가 아니라 한 명도 없을지 모른다.

소유자에게는 이익과 손해가 있는데 먼저 손해는 무엇인지 살펴보자. 예를 들어 주택의 가격이 10억이고 전세가격은 5억이라고 가정하자. 그러면 소유자는 5억 원을 순수하게 투자하고 있는 것이다. 만약, 4%의 수익률이 예상된다면 1년에 2,000만원(5억x4%)의 기회비용을 지출하고 있는 셈이다. 즉, 순수 투자한 만큼의 기회비용의 상실이다.

또 소유자는 주택을 보유하고 있기 때문에 보유세를 부담하게 된다. 보유세뿐만이 아니라 실질적으로는 준조세도 추가로 부담하게 된다. 준조세는 건강보험료와 국민연금의 추가 부담 등이 있다.

또 주택의 중요한 부분의 수리비는 소유자가 지불해야 한다. 그리고 전세자에게 주택을 세 주면 소유자가 이용하는 것보다 훨씬 더 많이 감가상각이 이루어진다.

소유자 입장에서의 이익은 무엇일까? 딱 한 가지가 있는데 그것은 주택가격 상승으로 인한 양도차익이라고 할 수 있다. 다른 이익은 없다.

이제 세입자의 입장에서 손익을 따져보자.

매매가격이 10억짜리의 주택에 전세 5억 원에 거주한다면 5억 원을 지불하고 10억 원짜리 주택을 사용하는 결과인 것이다. 즉 5억 원의 비용으로 10억 원의 효용을 얻는 것이다. 더군다나 세입자는 보유세(추가적인 준조세 포함)와 수선비도 지불하지 않으며 감가상각으로 인한 가치하락에 대해서도 부담하지 않는다.

반면 세입자는 주택가격의 상승에 따르는 양도차익을 포기해야 한다.

주택 소유자 입장에서는 손해보다 이익이 더 많아야 주택을 매입해서 전세를 준다. 결국 전세제도는 주택가격이 상승해야만 유지될 수 있는 제도이다. 주택가격이 상승하지 않는다면 성립할 수 없는 제도가 전세제도이다.

주택가격과 전세가격 간의 관계는 어떻게 될까?

반비례의 관계에 있다. 주택가격이 상승하면 주택을 매수해 전세로 임대하고자 하는 수요가 늘어나고 또한 전세 세입자도 가능한 주택을 매입하려고 한다. 전세의 수요는 줄어들고 공급은 늘어나기에 전세가격은 하락하게 된다. 반면 주택가격이 하락하면 주택을 매입하여 전세 놓으려는 수요가 적어지고 반대로 주택을 매입하기보다는 전세로 살고자 하는 수요가 증가하기에 전세가격은 상승한다.

즉, 주택가격이 상승하면 전세가격이 하락하고, 주택가격이 하락하면 전세가격이 상승하는 것이다.

2. 전세제도의 발생 · 유지 원인

전세제도는 한국에만 있는 제도이다. 외국에는 전세가 없는데 왜 한국에서만 발생해서 유지되는가에 대해 이해해야 전세제도를 이해할 수 있다.

전세제도는 앞에서 언급했듯이 자유시장 경제체제에서 발생한 제도다. 정부에서 강제화해 발생한 제도가 아니다.(서울시에서는 전세가격의 안정을 위해 저렴한 전세제도인 '시프트'라는 제도를 운영하고 있다. 반시장적인 제도라고 할 수 있다.) 그렇다면 자유시장 경제체제 하에 있는 나라에서는 전세라는 제도가 다 있어야 하는데 왜 한국에서만 존재하는가?

2차 세계대전 종전 이후에 독립한 신흥독립국 중에서 한국만이 유일하게 경제성장에 성공한 나라라고 할 수 있다. 대한민국은 가장 빠른 시간 안에 성공한 나라이다. 87년 민주화항쟁 이후에는 경제의 고도화와 정치의 민주화를 동시에 이룬 유일한 신흥독립국이다.

경제가 성장함에 따라 국민들의 소득도 증가하였다. 소득이 증가하면 그에 따라 소비의 수준도 높아진다. 소비의 수준이 높아지면 기본적인 생활인 의 · 식 · 주에 대한 향상된 수요가 발생한다.

의(衣)와 식(食)의 수요 증가는 시장에서 공급이 즉시 이루어질 수 있다. 그러나 주택에 대한 공급은 시장에서 원한다고 즉시 공급할 수 없다. 주택을 공급하기 위해서는 택지개발과 공사하는 기간이 필요하기 때문이다. 즉, 주택은 시장에서 원한다고 곧바로 공급되지 못한다.

결국 한국경제가 고도성장하는 동안 소득의 증가에 따른 수요의 증가에 주택의 공급은 따라가지 못했다. 결국 주택가격은 경제성장률보다 많이 상승했다. 상승 정도가 아니고 가히 폭등이라고 할 만했다.

주택가격이 폭등하니 사람들은 주택에 투자했다. 많은 사람들이 양도차익을 목적으로 주택에 투자하다 보니 전 세계에서 우리나라에만 전세라는 제도가 발생했던 것이다.

독자들은 이런 생각을 할 것이다. 과거의 경험으로 보면 주택가격이 상승하면 전통적으로 전세가격도 잇따라 상승했다는 것이다. 즉, 주택의 매매가격과 전세가격은 같은 방향으로 움직였다는 것이다. 물론 과거에 그런 경우가 일반적이었다. 이는 주택가격의 이상폭등에 따른 자연스런 현상이라고 할 수 있다.

표 5-1	인구 천 명당 주택수						
미국	일본	독일	영국	한국(2010)	한국(2005)	한국(2000)	한국(1995)
427	423	445	417	364	330	249	215

위의 표에서 보듯이 2010년 1인당 GNI가 $20,000인 한국의 인구 천 명당 주택수는 364채 정도이다. 1인당 GNI가 $40,000이 넘는 선진국들의

인구 천 명당 주택수는 대개 400채가 넘는다.

1995년에 우리의 인구 천 명당 주택수는 215였으나 급격히 주택 공급에 나서 인구 천 명당 주택수가 두 배인 364채까지 이르렀다. 한국의 소득대비 인구 천 명당 주택수를 선진국과 비교한다면 거의 많은 부분이 해결되어 주택가격이 안정되는 것으로 분석할 수 있다. 물론 앞으로 우리의 소득수준이 높아짐에 따라 주택의 수요는 더 발생할 것이다.

흔히들 인구가 줄어드니 급격하게 주택이 공실이 될 가능성이 높다고 이야기하는 분들이 있으나 필자는 그것은 기우에 불과하다고 생각한다. 통계청의 추계인구 발표를 보면 2030년까지 한국의 인구는 52,160,065천 명까지 늘어난다. 그 이후에 인구가 줄어든다. 그러니까 지금 당장 인구가 줄어드는 것은 아니다.

소득수준이 향상됨에 따라 주택의 수요가 늘어날 것이다. 그리고 2030년까지 인구도 늘어나니 이에 따른 주택의 신규 수요도 늘어날 것이다. 2008년 글로벌 금융위기 이후의 주택시장의 침체 내지 안정된 원인이 주택수의 공급 완료에 의한 것이라고 할 수는 없다. 그러나 주택의 공급이 수요에 비해 어느 정도 이루어진 것이 하나의 원인이라고 할 수 있다.

3. 전세제도의 소멸

그렇다면 전세제도는 앞으로 어떻게 될까?

필자의 의견은 '전세제도는 결국 없어진다'는 것이다. 전세제도가 사라지는 과정에서 이런저런 우여곡절이 있을 수 있고 부작용도 나타날 것이다. 그러나 전세제도는 없어질 수밖에 없는 제도이다. 문제가 있다면 전세제도가 없어지는 과정에서 나타날 수 있는 여러 가지 부작용에 대해 우리 사회가 잘 극복하느냐인 것이다.

이제 월세제도에 대해 살펴보자.

월세제도는 전세제도와는 달리 주택가격 상승을 전제로 한 제도가 아니다. 월세제도는 현금 흐름(Cash Flow)에 기초해 발생한 제도이다. 즉, 월세제도는 예금이나 적금과 같이 일정 기간 정기적으로 발생하는 현금 수입에 근거한 제도이다. 따라서 전세제도와는 근본적으로 다른 원인에 근거한 제도라고 할 수 있다.

주거수요자 중에는 본인 소유의 집에서 살기보다는 임대주택에서 살기 원하는 일정한 계층이 있다. 이는 본인의 의지에 의한 경우도 있고 어쩔 수 없는 경우도 있다. 결국 전세주택은 사라져도 월세주택은 존재할 수밖에 없다.

우리나라의 공공임대주택 비중은 높지 않다. 주택복지의 수준을 높이기 위해 정부는 공공주택의 비율을 높이는 데 많은 노력을 하고 있다. 공공(임대)주택의 수요자는 누구일까? 우리 사회에는 스스로의 능력으로 주택을 소유하기 힘든 일정한 계층이 있다. 공공(임대)주택은 스스로 능력으로 주택을 구입할 수 없는 저소득층을 대상으로 한 주택복지의 일환으로 공급되는 것이다. 이는 확대될 것이고 일정 부분 확대되어야 한다.

작은 상가에서 장사를 한다고 생각해보자. 상가를 확보하는 방법은 몇 가지가 있을 수 있다. 상가를 분양(혹은 매입)이나 임대해 공간을 확보해야 한다. 그런데 상가를 확보하는 데 상가 자체에 많은 투자를 하는 경우와 그렇지 않은 경우가 있다. 즉, 상가를 아예 분양받는 경우에는 상가 공간에 많은 자금을 투자한 경우이다. 임대인 경우에도 보증금은 많고 월세를 적게 계약할 수도 있고 그 반대인 경우도 있다. 어떤 경우가 더 바람직하다고 할 수는 없다. 이는 사업하는 사람의 가치관이 다르기 때문에 선택을 다르게 하는 것이다.

자영업을 하는 분들은 현금 흐름을 중요시하는 경우가 많다. 자금은 정체되어 있기보다는 현금 흐름이 많아야 더 좋을 수 있다는 것이다. 따라서 자금이 있더라도 적은 금액의 보증금만을 상가에 투자하여 투자자본을 최소화하고 현금 흐름을 많게 하여 월세 주는 것을 선호하는 경우를 본다.

주택도 마찬가지다. 자신에게 항상 일정한 소득이 있다면 거주하는 주택에 자산을 넣어두기보다는 현금 흐름이 있는 곳에 투자하기를 선호하는 사람이 있다. 젊은 세대일수록 월세를 선호하는 경향이 있고, 나이가 들면서 자가주택을 선호하는 경향이 있다. 이는 젊은 세대일수록 현금 흐름이 좋기 때문이다.

월세주택은 MB정권 이래 소형주택(주로 원룸)을 중심으로 급격히 많이 공급되고 있다. 이를 정부에서는 '도시형생활주택'이라고 했다. 일반적으로 도시형생활주택을 원룸 혹은 월세주택이라고 개념적으로 생각하는 사람이 많다.

법적으로 도시형생활주택의 범위를 살펴보면 모든 월세주택을 포괄하고 있기 힘들다. 필자는 월세주택을 지칭하는 적절한 용어가 없기에 월세를 받는 주택을 '수익형주택'이라고 했다. 이하 글에서 '수익형주택'은 '매 일정 기간마다 현금 흐름이 이루어지는 주택'을 의미한다.

4
수익형주택

필자는 앞에서 부동산에 관한 투자는 양도수익보다는 수익형 부동산으로 투자의 패러다임이 바뀌고 있다고 했다. 부동산 투자로 가장 많이 선호되는 부동산은 역시 주거용 부동산이다. 지금까지 주거용 부동산 투자는 수익형 부동산보다는 양도차익을 목적으로 투자되어 왔다. 그런데 전세제도는 점차 소멸되어가고 월세제도로 전환되어가고 있다. 현금 흐름에 기반한 수익형주택에 대한 투자는 노후자금 마련에 있어 가장 효율적이고 안정적인 투자라고 할 수 있다.

수익형주택의 장점을 살펴보면 다음과 같다.

첫째, 안정적인 현금 흐름을 가져올 수 있다. 노후자금은 일정한 자금을 쌓아놓고 곶감 빼먹듯이 사용하는 것은 불안하다. 수명을 알 수 없기에 노후자금은 정기적인 현금 흐름이 좋다. 민간연금의 경우에는 대개

연금지급기한이 정해져 있다. 계약기한이 넘으면 연금은 종료된다. 노후자금은 생활할 때 지속적으로 나오는 것이 중요하다. 수익형주택은 부동산이 사라지지 않는 한 수익이 주기적으로 발생한다. 이보다 더 확실한 노후자산은 없을 것이다.

둘째, 민간연금은 노후 이전에 저축한 것을 금융기관에서 수익을 올리며 지급하는 것이다. 연금을 모두 수령하면 저축한 자금은 없어지는 것이다. 그러나 수익형주택은 주기적인 현금 흐름이 있음에도 불구하고 부동산이기에 사라지지 않는다.

부동산은 토지와 건물로 구성되어 있다. 건축물은 감가상각에 의해 일정한 시점이 되면 멸실된다고 한다. 그러나 요즘 건축되는 건축물은 비교적 품질관리가 잘 되어서 사실상 건축물의 수명을 이야기하는 것이 무의미할 정도다. 관리를 잘 한다면 건축물의 수명은 반영구적이라고 해도 될 것이다. 따라서 토지와 건물로 구성된 수익형주택은 반영구적이라 할 수 있다. 현금 흐름이 지속적으로 발생하고 있음에도 불구하고 자산은 없어지지 않는다.

셋째, 노후가 되면 외로움을 많이 느끼게 된다. 그래서 자녀와 손주들을 많이 보고 싶은 게 일반적이다. 그러나 부모의 이런 마음과는 달리 자녀들은 바쁘다는 핑계로 바람만큼 자주 찾아오지 않는다. 꼭 그런 것은 아니지만 할아버지와 할머니를 찾아뵈어 용돈을 받으면, 또 찾아뵙고 싶은 마음이 드는 것은 어쩔 수 없는 인간의 마음이라고 할 수 있다. 아들이나 며느리 또한 부모님에게서 물려받을 유산이 있다면 부모님의 입장에서도 흐뭇할 것이다. 부모님의 유산이 있기에 부모님을 공경하는 것은 아니지만 자녀들 역시 부모님에게 더욱 감사할 것이며 더욱더 부모님을 공경할 것이다. 다른 형태의 노후자금보다 수익형주택의 큰 장점이다. 물론 가족과의 정이 돈에 의해서만 연결되는 것은 전혀 아니다. 오해가 없기 바란다.

이상에서 살펴본 바와 같이 노후자금을 위한 자산으로서 수익형주택은 최고의 수단이라고 확신한다.

그러면 수익형주택의 특성 및 투자에 관해 살펴보자.

앞에서 살펴보았듯이 아직 우리나라의 임대주택시장은 모두 수익형주택이 아니다. 반대로 전세시장의 규모가 더 크다. 임대주택시장은 이제 전세시장에서 수익형주택으로 이전하기 시작하고 있다. 전세주택이 수익형주택이 되는 경우 규모가 작은 주택부터 이루어진다. 주택의 규모가 작을수록 수익형주택이 되어가고 있다. 규모가 작은 원룸주택은 거의 수익형주택이 되었고 투룸주택도 점차 수익형주택이 되어가고 있다.

수익형주택에 투자해 안정된 노후자금을 확보하자. 수익형주택의 특징 및 투자의 핵심 사항에 대해 차근차근 공부하자.

1. 임대사업자 등록

수익형주택에 투자하기 위해서는 임대사업자 등록을 해야 한다. 임대주택사업자 등록에 대해 살펴보자.

매입임대사업의 세제지원 요건이 3호에서 1호 이상 임대하는 경우로 완화되어 지역에 관계없이, 1가구 이상이면 임대사업이 가능하다. 그리고 임대주택의 규모는 전용면적 149㎡이하이며 임대사업자 등록 시 공시가격이 수도권은 6억 원 이하, 지방은 3억 원 이하인 주택에 한한다.

임대사업자 등록과 관련된 각종 세제 혜택을 받기 위해서는 사업자 등록 후 임대주택을 5년 이상 임대해야 하며 개인적인 사유로 등록을 취소하거나 철회할 수 없다. 여기에서 임대기간이라 함은 사업자 등록이 되고 임대를 개시한 날부터 계산되고, 의무임대기간 내 임의로 매각하는 경우 임대주택법 제41조에 따라 2년 이하의 징역이나 2천만 원 이하의 벌금에 처해진다. 주거용 오피스텔도 임대주택으로 등록 가능하다.

임대사업 시 세제 혜택을 받기 위해서는 임대사업자의 거주지나, 물건지 관할 시·군·구 주택과에 먼저 임대사업자로 등록해야 한다. 그리고 임대사업을 시작한 지 20일 이내에 임대사업자의 거주지와 물건지 관할 세무서에 사업자 신고를 해야 한다. 보유 주택이 있는 관할 세무서에 하는 것이 원칙이나, 편의상 사업자 거주지 관할 세무서에 신고 가능하다.

임대주택사업자 등록을 했을 때의 세제 혜택을 살펴보면 다음과 같다.

첫째, 전용면적 60㎡(18평) 이하이고, 5년 이상 임대한 경우에는 취득세가 면제된다. 다만, 기존주택이나 다가구주택은 취득세 감면 대상이 아니며, 공동주택을 신축하거나 최초로 분양 받은 경우에만 취득세 감면이 가능하며 주택거래 신고지역인 서울의 강남3구는 제외된다. 이를 위해서는 취득일로부터 30일 이내에 해당 주택 소재지 관할 시·군·구청 세무과에 지방세 감면 신청서와 임대사업자 등록증을 제출하면 취득세가 감면된다.

둘째, 다주택자가 자신이 살고 있는 집을 제외한 모든 주택을 임대주택으로 등록했다면 매입임대사업자가 거주하는 기존주택 1호에 대해서는 3년 이상 보유기간 요건과 9억 원 이하인 경우 1세대 1주택자와 같이 양도세는 비과세된다. 개인인 경우 주택취득 시점이 2009년 1월 1일~2012년 12월 31일이라면 주택수와 관계없이 임대사업 등록 여부와 상관없이 양도세 중과가 배제되고 일반세율을 적용한다.

그런데 부동산과 관련된 세제는 변화가 많으므로 투자 시점의 세제를 꼼꼼히 살펴야 한다.

2. 수익형주택의 종류

앞에서 밝혔듯이 필자는 '수익형주택'을 현금 흐름이 있는 주택이라고 했다. 수익형주택에 대한 분류는 여러 가지 기준에 의해 구분될 수 있다. 필자는 법적인 분류를 기준으로 살펴보고자 한다.

수익형주택에는 도시형생활주택, 오피스텔, 고시원, 노인복지주택, 다가구주택, 다중주택, 다세대주택, 연립주택, 아파트 등이 있다.

도시형생활주택은 MB정부가 내놓은 '필요한 곳에 필요한 주택을!!!'이라는 슬로건에 의해 만들어진 개념의 주택이다. 도시형생활주택의 종류에는 단지형 연립주택, 단지형 다세대주택, 원룸형 주택이 있다.

첫째, 단지형 연립주택은 주택 중 원룸형 주택을 제외한 주택인데 건축위원회의 심의를 받은 경우에는 주택으로 쓰는 층수를 5층까지 건축할 수 있다.

둘째, 단지형 다세대주택은 「건축법 시행령」 별표 1 제2호다목에 해당하는 주택 중 제2호의 원룸형 주택을 제외한 주택이다. 다만, 「건축법」 제5조 제2항에 따라 같은 법 제4조에 따른 건축위원회의 심의를 받은 경우에는 주택으로 쓰는 층수를 5층까지 건축할 수 있다.

셋째, 원룸형 주택은 세대별로 독립된 주거가 가능하도록 욕실, 부엌을 설치하고, 욕실 및 보일러실을 제외한 부분을 하나의 공간으로 구성하고(다만, 주거전용면적이 30제곱미터 이상인 경우 두 개의 공간으로 구성할 수 있음), 세대별 주거전용면적은 12제곱미터 이상 50제곱미터 이하이고, 각 세대는 지하층에 설치하면 안 된다. 자세한 것은 행정관청이나 법제처웹사이트, 그리고 건축사에게 문의하면 된다.

오피스텔은 원칙적으로 업무 시설이다. 그런데 실질적으로 오피스텔을 주거용으로 이용하다 보니 '주거용 오피스텔'로 불리며 이용하고 있다. 오피스텔은 주로 고층으로 이루어져 있으며 역세권에 위치하고 있다.

고시원도 실질적으로 수익형주택의 범주로 볼 수 있다. 고시원은 법적으로 근린생활시설(1,000m² 미만)이다. 고시원의 면적이 1,000m² 이상이면 숙박시설로 간주된다. 그리고 방마다 샤워시설과 화장실을 설치할 수 있다. 취사장과 세탁실은 공동 사용해야 하고 5층 이상의 경우에는 비상계단을 설치해야 한다. 피난을 위해 복도 폭은 1.2~1.5m이어야 하며 스프링클러를 설치해야 한다.

노인복지주택(흔히 '실버주택'이라고 함)은 건축법상 노유자시설로 규정되어 있다. 노인복지주택은 특히 병원과의 연계성이 중요하며 도심에의 접근성이 중요하다. 따라서 요즘은 역세권에 주로 건축되고 있다.

다가구주택은 주택으로 쓰는 층수(지하층은 제외한다)가 3개 층 이하여야 한다. 다만, 1층의 바닥 면적 2분의 1 이상을 필로티 구조로 해 주차장으로 사용하고 나머지 부분을 주택 외의 용도로 쓰는 경우에는 해당 층을 주택의 층수에서 제외한다. 1개 동의 주택으로 쓰는 바닥 면적(지하주차장 면적은 제외한다)의 합계가 660제곱미터 이하여야 하며 19세대 이하여야 한다.

다중주택은 학생 또는 직장인 등 여러 사람이 장기간 거주할 수 있는 구조로 되어 있는 것이다. 하숙집의 개념이라고 할 수 있다. 독립된 주거의 형태를 갖추지 않아야 한다. 각 실별로 욕실은 설치할 수 있으나, 취사시설은 설치하지 않아야 한다. 다중주택은 연면적이 330제곱미터 이

하이고 층수가 3층 이하인 것이다.

다세대주택은 4층 이하(1층이 필로티 구조이면 5층)로서 연면적이 660제곱미터 미만인 경우이다. 모두 19세대 이하여야 하며 공동주택이므로 세대별로 구분등기 된다.

연립주택은 2세대 이상으로서 연면적이 660제곱미터 이상이어야 한다. 4층 이하여야 한다. 5층 이상이면 아파트로 분류된다. 일반적으로 빌라라고 부르는 주택은 다세대주택과 연립주택을 말하며, 타운하우스는 연립주택에 해당한다.

3. 수익형주택 투자 핵심

수익형주택에 투자하는 데 있어 핵심 사항을 살펴보자. 어떤 주택에 투자하는 것이 가장 좋을까? 또 만일 수익형주택을 신축해야 한다면 어떻게 해야 하는가?

필자가 다년간 실무를 하면서 연구한 사항에 대해 공개하고자 한다. 본 투자 핵심은 모든 수익형주택에 해당되는 것은 아니고 부분적으로만 적용될 수 있다. 그리고 수요가 많은 소규모 수익형주택이 주 대상이다.

첫째, 수익형주택 투자에서 가장 중요한 요소는 역시 저렴하게 부동산을 매입하는 것이다. 필자는 앞에서 부동산을 저렴하게 매입할 수 없다고 했다. 대신 경매를 통해 저렴하게 매입하는 것은 매수자가 경매에 관한 공부를 한 노고에 대한 대가라고 했다. 따라서 경매를 통해 주택을 매입해 수익형주택으로 만들 것을 필자는 추천하고 싶다. 또한 경매를 통해서 토지를 매입해 수요에 맞는 수익형주택을 직접 건축하는 경우도 추천한다. 이를 위한 노력이 핵심 중의 핵심이다.

둘째, 수익형주택을 신축하는 경우에는 건축 시에 유리한 토지를 선택하는 것이 중요하다. 이와 관련해서는 필자의 저서인 『심상준의 대한민국 부동산교과서』를 참조하기 바란다. 그 중 핵심적인 사항 몇 가지만을 언급해보자.

많은 면적을 건축할 수 있는 지역ㆍ지구를 선택해야 한다. 즉, 건폐율과 용적률을 높게 할 수 있는 지역ㆍ지구를 선택해야 한다. 이 사항들은 지자체의 도시계획조례에서 확인할 수 있다. 서울의 경우 제2종일반주거지역의 용적률은 200%이고 준주거지역의 용적률은 400%이다. 준주거지역이 제2종일반주거지역에 비해 2배의 건축물을 건축할 수 있다. (물론 각종 규제에 의해 반드시 2배의 건축을 할 수 없을 수도 있다.) 단순 논리적으로만 이야기한다면 제2종일반주거지역에 비해 준주거지역의 토지가격은 2배가 되어야 한다. 그러나 현장에서 토지가격을 조사해보면 전혀 그렇지 않다. 따라서 지역ㆍ지구를 잘 아는 것은 매우 중요하다.

넓은 도로와 접한 토지가 좋다. 4m도로에 접한 토지보다 6m도로에 접한 토지가 사선제한으로 인하여 훨씬 더 많은 면적을 건축할 수 있다. 그리고 남향 토지(부지의 남쪽에 도로가 있는 토지)보다는 북향 토지가 더욱 좋다. 이는 주거지역에서만 적용(준주거지역은 제외)되며 신도시에서는 반대이다. 이는 정북방향의 일조권이라는 법적 규정에 의해 북향 토지가 훨씬 더 많은 면적을 건축할 수 있기 때문이다.

소규모 수익형주택의 경우에는 건축면적의 활용이 중요하다. 이는 발코니 확장이 합법화되었기 때문이다. 확장된 발코니의 면적은 용적률에 포함되지 않으면서 실질적으로는 실내면적으로 사용할 수 있다. 참고로 건축면적은 건폐율에 영향을 주고 연면적은 용적률에 영향을 준다. 서울지역의 용적률을 살펴보면 2종일반주거지역은 200%이고 3종일반주거지역은 250%이다. 용적률만으로 보면 3종일반주거지역이 당연히 더 좋다. 그러나 건폐율을 살펴보면 2종일반주거지역은 60%이고 3종일반주거지역은 50%로 오히려 10%적다. 각 사안별로 정밀 검토를 해보아야 정확한 판단을 할 수 있으나 경우에 따라서는 무조건 2종일반주거지역보다 3종일반주거지역이 좋다고 할 수는 없다. 차분하게 전문가와 정밀하게 검토해보는 것이 중요하다.

셋째, 생활서비스 공간이 중요하다. 소규모 주택(특히 원룸)에서는 수납공간의 필요성이 크다. 빨래 건조 장소 등을 필요로 한다. 소규모 주택일수록 이삿짐이 적은 것이 특징이고 가구 등은 미리 설치되어 있는 것을 선호한다. 물론 모든 지역에서 모든 시설을 다 할 필요는 없다. 지역의 수준에 맞는 시설만 하는 것이 바람직하다.

소규모 수익형주택에 빌트인 가구를 풀옵션으로 설치하는 경우를 종종 본다. 빌트인 가구라고 하면 세탁기, 냉장고 등의 가전제품과 붙박이장 등이다. 이러한 빌트인 가구 등은 지역의 수준에 맞게 해야만 한다. 지역경제수준이 낮은 지역은 풀옵션보다 임대료가 조금이라도 저렴한 것을 선호하기도 한다. 따라서 소규모 수익형주택은 무조건 풀옵션으로 해야 한다는 편견에서 벗어나야 한다.

넷째, 보안에 특히 유의해야 한다. 요즘은 싱글여성들도 수익형주택의 많은 고객이다. 여성이 주 고객인 경우에는 특히 보안에 중점을 두어야 한다. 각종 방범 시스템을 구축한다든지 CCTV를 설치하는 등의 설비를 철저히 해야 한다. 싱글여성을 위한 소규모 수익형주택의 경우에는 유료 보안회사의 보안서비스를 받는 것도 한 방법이다.

다섯째, 임대 관리는 간접으로 하는 것이 좋다. 필자가 많은 분들과 인터뷰를 해보면 주택을 신축해서 자신은 맨 위층에 살면서 아래층은 월세를 주고 살아가는 계획을 세우는 분들을 많이 보았다. 즉 자신의 부동산에 대한 임대를 스스로 직접 관리하겠다는 것이다. 그러나 이는 바람직하지 않다.

그 이유를 살펴보면 첫째, 같은 집에 살게 되면 시간이 지나면서 자연스럽게 임차인과 정이 들게 된다. 자연스럽게 맛있는 것은 서로 주고받으며 살게 된다. 그렇게 되면 임대료를 시장 상황에 맞게 올리기가 힘들어진다. 임대료를 납부하지 않았을 경우에 명도가 쉽지 않다. 강제명도는 말도 꺼내기 힘들어지게 된다. 냉정함을 지키기 힘들다는 것이다.

둘째, 작은 것이 고장 나도 무조건 임대자에게 수선해 달라고 요구한다. 소모성 자재에 대해서도 요구를 하게 된다.

셋째, 주택의 공용 부분에 관한 관리는 모두 임대자가 해야만 한다. 자신의 집 앞의 지저분함도 모두 임대인이 담당해야 한다. 따라서 직접 임대 관리하는 것은 합리적이지 않다.

그렇다면 어떻게 해야만 하는가? 간접 관리하는 것이 유리하다. 간접 관리는 어떻게 하는가? 물론 부동산 관리회사에 의뢰해도 된다. 그렇지만 소규모일 경우에는 부동산 관리회사에 관리를 의뢰하기보다는 중개사사무소에 의뢰하는 것이 오히려 효율적일 수 있다. 관리를 해주는 중개사에게는 그 대가로 전속 임대권을 주는 것이다. 어차피 임대를 위해서는 중개사가 중개해 주어야 가능하다. 그런데 관리해주는 한 곳에만 임대를 할 수 있는 권한을 준다면 얼마든지 관리해줄 것이다.

공용 부분에 대한 청소 등과 관련해서는 청소 전문업체에 의뢰하고 비용은 입주자에게 관리비를 징수하는 것이다. 그렇게 하면 수익형주택은 더욱 잘 관리될 것이다. 임대료도 중개사가 관리한다면 더욱더 효율적이다. 직접 관리하려 하지 말고 간접 관리를 하자.

여섯째, 필자는 소규모 수익형주택인 원룸에 투자하고 싶은데 서울지역의 경우에 어디에 하면 좋으냐는 상담을 많이 받는다. 위치를 콕 찍어 달라는 요청을 하기도 한다. 서울지역에서 필자는 강남지역보다는 강북지역을 선택하라고 권한다. 여기서 말하는 강남지역이라고 함은 서울의 강남구, 서초구, 송파구의 강남3구를 말한다.

예를 들어보자.

서울 강남구 역삼동 일반주거지역의 토지가격은 평당 대략 5,000만 원 정도 될 것이다. 여기에 건축비를 합하면 수익형주택의 평당 투자원가는 5,800만 원 정도 될 것이다(용적률 200%, 건축비 평당 400만 원 가정). 10평이면 대략 2.9억 원 정도 된다고 할 수 있다. 강북지역의 역세권 토지가격은 대략 1,000만 원~1,500만 원 정도 될 것이다. 1,200만 원이라고 가정하면 수익형주택의 1억 정도 될 것이다.

즉, 역삼동에 비해 강북지역의 투자원가는 토지비의 차이에 의해 거의 3배가 된다. 그런데 월세주택의 특성상 강남지역에서 강북지역의 3배 정도를 받기는 힘들다. 강북에서 월세를 50만 원 받는다면 강남지역에서는 150만 원을 받아야만 한다. 그러나 실상은 그렇게 되기 힘들다. 따라서 강북지역의 수익률이 더 높을 수 있다. 물론 경우에 따라서 다를 수도 있다. 개별적인 경우를 모두 따져봐야 정확히 알 수 있다.

일곱째, 소규모 수익형주택 중에서 원룸은 역시 역세권이어야 좋다.

소규모 수익형주택의 수요자는 주로 직장인이기 때문이다. 서울의 경우 가장 좋은 대중교통수단은 지하철이다. 따라서 수익형주택은 지하철의 역세권에 투자하는 것이 좋다.

그럼 역세권이라 함은 구체적으로 지하철역에서 어느 정도 거리 이내에 있어야 하는가? 필자는 가급적 지하철역 출구에서 300m 이내가 좋고 멀어도 700m 이내는 되어야 한다고 생각한다.

여덟째, 서울지역에는 1기지하철과 2기지하철이 있다. 1기지하철은 지하철 1호선~4호선을 의미하고 2기지하철은 5호선 이하 노선이다. 소규모 수익형주택은 2기지하철이 통과하는 역세권보다는 1기지하철이 통과하는 역세권이 더 좋다고 생각한다.

1기지하철이 먼저 건설되었는데 1기지하철이 건설될 때에는 가장 필요한 곳에 우선적으로 건설되었다. 그렇다 보니 서울의 업무중심권역에 대부분 1기지하철이 통과하고 있다. 즉 직접적으로 연결되는 1기지하철 역세권이 유리하다.

아홉째, CBD와의 연결성을 고려해야 한다. 서울의 업무중심권역은 세 곳이 있다. 도심중심권역은 CBD(Central Business District)라 하고, 여의도 업무중심권역은 YBD(Yeouido Business District), 그리고 강남 테헤란로의 업무중심권역은 KBD(Kangnam Business District)라고 한다.

현재 세 곳의 업무중심권역 중에서 KBD가 가장 경제력이 큰 지역이다. 이전에는 CBD가 가장 중심이었다고 할 수 있다. 그런데 CBD의 역할이 점점 더 좋아지고 있다. 따라서 CBD와 직접적으로 연결되는 지하철 역세권을 투자처로 추천하고자 한다.

열째, 서울에서 수익형주택을 어디에 하면 좋으냐고 하면 많은 분들이 대학가에 해야 한다고 말한다. 물론 대학가에 원룸의 수익형주택이 많이 있다. 대학생 수요가 많을 것이라고 생각해서일 것이다. 그러나 이는 심각하게 다시 생각해봐야 한다.

서울은 수도권정비법에 의한 과밀억제권역이다. 과밀억제권역에는 인구집중을 막기 위해 대학의 입학 정원을 엄격히 규제하고 있다. 앞으로도 그럴 것으로 예상된다. 그런데 지방에서 서울로 유학 온 학생들은 수십 년째 학교 근처에서 거주하며 학교를 다니고 있다. 그런데 외환위기 이후로 대학에 새로운 변화가 있다. 대학에서 호텔과 같은 고급 기숙사를 신축하는 것이다.

대학생들은 반값등록금을 해 달라고 아우성인데 어떻게 기숙사를 많이 신축할 수 있느냐고 의문을 제기할 수 있다. 외환위기 이후 대학이 기숙사를 많이 건축할 수 있었던 것은 민간 부동산 개발 때문이다. 즉 부동산개발업자가 대학에 기숙사를 신축해 준 후 일정 기간 기숙사 운영권을 갖는 것이다.

신축 자금은 부동산펀드 등을 통해 조성한다. 대학 입장에서는 캠퍼스의 토지만을 제공하면 학교 소유의 기숙사가 생기니 하지 않을 이유가 없는 것이다. 부동산개발과 간접금융이 발달함에 따라 서울 시내의 대학에 기숙사가 많이 신축되었다.

결국 서울지역 대학생들의 정원은 전혀 늘어나지 않는데 비해 기숙사가 늘어났다. 대학생을 위한 수익형주택의 수요는 일정한 데 비해 공급은 늘어났다. 따라서 대학가라고 해서 무조건 선택하기보다는 시장 상황을 면밀히 분석해 투자하는 것이 중요하다.

열한 번째, 수준 높은 서비스와의 결합이 필요하다. 임대주택은 일반적으로 하드웨어적인 공간을 임대해 수익을 얻는 것으로 알려져 있다. 그러나 앞으로는 소프트웨어적인 서비스의 제공으로 인한 수익도 예상된다.

고시원에는 일반적으로 무료로 밥이 제공된다. 더욱더 서비스가 많은 곳에서는 김치와 라면 등도 제공되고 있다. 주거용 공간을 임대하는 것 이상의 서비스를 제공하는 것이다. 원룸 등의 소규모 수익형주택에서도 이와 같은 서비스의 제공이 가능하다.

원룸의 내부 청소나 세탁 등의 집안일은 규모가 작기 때문에 파출부 등에게 의뢰하기는 힘들다. 또한 식사를 위해 반찬 등을 해 먹기에도 그 양이 적기 때문에 어려운 면이 있다. 이런 경우에 여러 개의 원룸을 대상으로 해당 서비스를 제공하면 저렴한 가격으로 가능하다. 예를 들어 파출부는 하나의 원룸만을 대상으로 하기보다는 10개를 대상으로 하면 가격이 저렴해진다. 이런 시스템을 만들어 특색 있는 서비스를 제공한다면 고객만족도가 높을 것이다. 물론 임대수익은 더 올라갈 것이다.

열두 번째, 투자자들과 대화하면 "이미 원룸은 공급이 다 되었기 때문에 이미 늦었다"라는 이야기를 많이 한다. 이미 공실이 많이 발생했다고 한다. 사실이다. 이미 공실이 많이 발생하고 있다. 그런데 지금 사업을 시작하는 것이 더욱더 좋을 수 있다.

수익형주택은 공급이 부족하면 공급이 이루어져 언젠가 수급의 균형을 이루게 된다. 그런데 초기에 개발된 소규모 수익형주택은 단위세대당의 면적을 지나치게 작게 한 경향이 있다. 왜냐하면 초기에는 수요가 많았기 때문에 수익성을 높이는 데에만 신경을 썼다. 따라서 수익성을 높이기 위해 세대수를 많이 만드는 것이 중요했다. 결국 단위세대당 면적을 지나치게 좁게 했다.

그런데 수요가 적으니 수요자 위주의 시장이 되었다. 수요자 입장에서 상대적으로 좋은 상품을 선택할 수밖에 없다. 따라서 지금 약간 수익률이 떨어지더라도 단위세대당 면적을 조금 크게 한다면 공실의 가능성이 가장 적을 것이다. 공실이 적음으로 인해 수익률은 오히려 더욱 상승할 수 있다. 이미 건축되어 있는 소규모 수익형주택은 수요가 변했다고 구조를 바꾸기 쉽지 않다. 따라서 수익형주택에 대한 매력은 더욱 크다고 할 수 있다.

4. 경매를 통한 수익형주택의 투자 예

아래는 필자가 투자자의 요청에 의해 투자 컨설팅을 한 사례다. 비교적 적은 금액을 수익형주택에 투자한 예이다.

○사건번호 서울서부지방법원경매0계 임의 2013타경0000

○위치 : 서울 은평구 신사동 ○○○-○○○

○교통현황 : 지하철6호선 새절역, 버스노선 2개(4분 거리)

○대지면적 : 27평, 건물연면적 45.3평

○용도 : 다가구용 단독주택(4세대)

○감정가격 : 2억 8천2백만 원

○낙찰예상가격 : 1억 5천만 원(기타·비용과 리모델링 비용 2,000만 원 예상)

○임대예상가격 : 보증금 4천만 원, 월세 100만 원 예상

○실 투자금액 : 1억 3천만 원

○연수익률 : 9.23%예상